天皇論「日米激突」

小林 よしのり　ケネス・ルオフ
Kobayashi Yoshinori　Kenneth J. Ruoff

JN197989

小学館新書

日米の論客、小林よしのり（右）とケネス・ルオフ（左）が大激論。

はじめに

●小林よしのり

わしがアメリカ人の歴史学者と天皇について対談をすることを、やや不思議に感じる読者もいるかもしれない。しかしわしは昔から、ひょっとしたらアメリカ人のほうが話が合うんじゃないかと考えたことが何度もあった。わしは、いまの論壇で幅をきかせている保守勢力とも左翼勢力ともなかなか話が噛み合わない。わしは個人主義に基づいて「公」のために何がもっとも良いかを考えるが、論壇ではみんなそれぞれの陣営の論理を優先ずる。だから、相手が右であれ左であれ、保守であれリベラルであれ、必ず衝突や摩擦が起こるわけだ。日本人はどうしても自分の属する「世間」に縛られてしまい、同調圧力に負けて自由に物を言わないところがある。わしは個人主義なので、そういう日本人とは合わないのだ。

それでアメリカの学者と話すのは面白そうだと思ったのだが、先方から対談の依頼をいただくまで、わしは恥ずかしながらケネス・ルオフさんの存在を知らなかった。皇室問題では日本人の論客を相手にするだけでも十分に忙しいので、ルオフさんのことが目に入らなかったのかもしれない。

だから対談を依頼されたときには、すぐに返事をせず、まずはルオフさんの近刊『天皇と日本人』（朝日新書）を読んでみた。すると、ものすごくよく調べて書かれている。ここまで深く日本の天皇について研究している外国人がいるとは、夢にも思わなかった。わしには受け入れられない主張もあるけれど、それを議論することも含めて、対談をする価値が十分にある。日本人の研究者と話すよりも、よほど自分の勉強になるに違いない。

さらに『国民の天皇　戦後日本の民主主義と天皇制』（岩波現代文庫）を読むと、日本人の天皇観そのものがどのように変化してきたかが詳しく論じられていた。その推移を把握する作業をここまで深くやった日本人はこれまでいなかっただろう。天皇と閣僚が会って話をする内奏の問題なども、じつによく調べて書かれている。日本の自称保守派は、いまだに神武天皇に始まる万世一系史観にとりつかれているので話にならないが、このルオフさんとの議論では、天皇や皇統の問題をもっと客観視できるだろう。日本人にとって、意義深い対談になるはずだ。そう考えて、この対談をやることにした。わしは英語ができないので心配だったが、ルオフさんは日本語が堪能だというからありがたい。

日本人は同調圧力に弱いので、戦前はみんな「戦争賛成！」と言っていたのに、戦後はみんな「戦争反対！」となって、異様なまでに日本の歴史を貶《おとし》めてきた。そうやって一斉にみんなで一方向に流れるのが、わしは気に入らない。だからそれを右側に押し返すつもりで『戦争論』（幻冬舎）を描いた。するとこんどは世間が右に行き過ぎて、単なる戦前回帰のアナクロニズムになってしまっている。こうなると、またその流れを修正しなければいけなくなるわけだが、それがまた行き過ぎるのも心配だ。

そういう性質が日本人にはあるから、個人主義がなかなか育たない。あるのは私利私欲を満たそうとする利己主義だけだ。日本に個人主義が育たないのは、やはり一神教の社会ではないことが大きいのだろう。

一神教の社会では、自分と神の一対一の対話の中で倫理観ができあがるから、個人主義が根づきやすい。みんなと違う意見を持っていても、神と自分とのあいだでそれが成立していればよいのだから、周囲を気にせず自分を貫く勇気を持てるのだろう。

それに対して日本は八百万も神様がいる多神教の社会だ。何もかもを神様にしてしまうから、価値観が相対主義的になり、個人主義が育たない。世間に合わせて右や左にみんなで流れていく。そして、人が個人として物をいっていることも理解しようとしない。わしも朝日新聞に登場しただけで「小林は左翼になった」といわれた。論考そのものをちゃんと読まずに、朝日なら左、産経なら右と単純にレッテルを貼るのだから、まったくお話にならない。ルオフさんとは、そんなバカバカしい日本人論壇とは違う、個人と個人の議論ができるだろう。じつに楽しみである。

●ケネス・ルオフ

まず、アメリカ人の僕が歴史学者として日本の天皇や皇室の研究をしている理由をお話ししておきましょう。僕は一九九〇年に大学院に入りました。昭和天皇が崩御した次の年のことです。その直前の一九八八年一二月に、当時の長崎市長だった本島等《もとしまひとし》さんが市議会で「天皇にも戦争責任はある」という発言をしました。これは、日本共産党が以前から主張しているような強い調子のものではありません。昭和天皇にも戦争責任はあると思うけれど、「日本人の大多数と連合国軍の意志によって責任を免れ、新しい憲法の象徴になった。私どももそれに従わなければならないと解釈している」という冷静な内容です。天皇制の廃止を訴えたわけでも何でもありません。

ところが右翼団体はこれに激しく抗議します。そして、一九九〇年一月には本島さんが銃撃されて重傷を負う事件が起こりました。日本ではまだ天皇制がひとつのタブーとなっているということでしょう。歴史の研究者は、タブーというテーマが好きです。それで僕は日本の天皇制に興味を持ち、修士論文は皇室タブーについて書きました。

その論文は出版するほど大したものではありませんでしたが、その経験によって、天皇や皇室を研究すると日本という国が抱えるほかのさまざまな課題も研究できることがわかりました。天皇や皇室を通して、日本の憲法や政治や社会制度のあり方などを理解することができるのです。

　そこで博士論文では戦後の天皇制をテーマにしました。それが日本でも翻訳が出版された『国民の天皇』です。日本では単に「天皇制に関する本」と思われることが多いのですが、この本でいちばん大事な点は、「戦後の日本人は民主主義に合うナショナリズムをどのようにつくったか」ということでした。戦前の世界には民主主義的ではないナショナリズムがいろいろありましたが、戦後は民主主義に反するナショナリズムはあまり支持されません。それが日本ではどのような形になっているのかを研究したのが、あの本です。

　たとえばその本の第五章「天皇制文化の復活と民族派の運動」では、紀元節復活運動や元号法制化運動について書きました。僕はイデオロギー的には必ずしもその運動を行った団体に賛成しませんが、彼らが民主主義的な手続きを取ったことは尊重します。

　ところがその部分は日本の左派にずいぶん批判されました。彼らは、右からの民主主義的な草の根の運動は不可能だと思っていたのです。だから右派の運動を民主主義的なものとして評価する本は認めたくないのでしょう。

　そして、これは本当にバカらしいことですが、ある左派の日本学の学者は、右派の運動を研究する僕のことも右派が好きな人間として見ようとしました。僕自身は政治的に中道左派です。日本社会の複雑性を理解するために研究しているのであって、その運動に同調しているわけではありません。

その一方で、僕の本は日本の保守派からも批判されました。『WILL』二〇一九年八月号で、麗澤大学教授の八木秀次氏が僕の『天皇と日本人』を取り上げて、「クネス・ルオフの本音はハーフの天皇誕生か」という記事を書いています。記事の小見出しには「朝日の〝お墨付き〟論者」という言葉がありました。僕の『国民の天皇』は二〇〇四年に朝日新聞社主催の大佛次郎論壇賞を受賞しましたし、朝日新聞のインタビューも受けたので、僕のことを朝日新聞の道具みたいなものだと思っているのでしょう。八木氏は朝日新聞を批判するためにあれを書いたとしか思えません。ちなみに僕はその後、産経新聞のインタビューも受けています。

今回、漫画家の小林よしのりさんと対談をしたいと思ったのは、小林さんが「右」や「左」といった派閥に簡単に分けられない方だという気がしたからです。保守系だといわれていますが、いろいろな作品を読んでみると、日本のふつうの保守と同じではありません。僕とは意見が対立する部分もありますが、いくつかの点で驚くほど共通点がありました。たとえば小林さんは女性天皇を支持していますし、経済格差を広げるネオリベラリズムが大嫌いで、天皇が弱者に配慮してきたことにも注目されています。

僕は研究者として中立性を大事にしていますが、小林さんも左右どちらかに与《くみ》するのではなく、ひとつひとつの問題を自分で考えて答えを出している印象を受けました。だから、ぜひお目にかかってお話をしたかった。天皇や日本の戦後社会などについて、多くのことをお聞きしたいと思います。

天皇論「日米激突」　目次

第一章

そもそも神武天皇は実在しない

「王」と「天皇」は違う

小林　平成から令和に改元されて新しい天皇が誕生しました。この本が世に出るころには諸外国の代表も招いて陛下が内外に即位を宣言する「即位礼正殿の儀」（一〇月二二日）や大嘗祭（一一月一四日～一五日）のことも世間で注目されているでしょう。日本の天皇や皇室について長く研究をされているルオフさんとこのタイミングで対談するのは、大きな意義があると思います。

ルオフ　よろしくお願いします。昭和から平成への改元のときとちがって、令和への改元は日本中がお祭りのような雰囲気でしたね。

小林　昭和の終わりは天皇の崩御があったから、何から何まで自粛、自粛で大変でしたよ。今回はいまの上皇陛下が生前退位されたので、祝福ムード一色でした。しかし皇室の将来のことを考えると、ただ浮かれているわけにはいかない。皇位継承や皇統の問題、国の象徴としての役割など、考えなければいけないことが山ほどあります。

ルオフ　とくに皇位継承者が少ないことを心配する日本人は多いのではないでしょうか。

これはいまに始まった問題ではなく、遅かれ早かれ男子の血統だけでは維持できなくなるのは、ずいぶん前からほぼ確実だと見られていました。

小林　ところが日本で保守を名乗る政治家や学者は、みんな男系派。彼らが執着しているのが、「神武天皇からの万世一系」です。実在したわけがない神武天皇に始まる男系を金科玉条のごとく掲げて、絶対に捨てようとしない。改元のときのテレビでも、新天皇が「初代の神武天皇から数えて一二六代の天皇」だと当たり前のように報じていたから、国民の多くも神武天皇が本当に存在したと思い込んでいるかもしれない。これは皇統の問題だけでなく、日本の歴史における天皇の意味について考える上でも避けて通れない話なので、まずは神武天皇の実在をはっきりと否定することから始めさせてください。

ルオフ　わかりました。僕も自分の本で、幕末の王政復古運動の中で神武天皇陵（奈良県橿原市）がまったく証拠がないのにつくられたことなどを取り上げています。

小林　そうなんですよ。何の証拠もないの。神武天皇の実在を証明できる人間なんかひとりもいません。そもそも「万世一系」を唱える保守派は、神武天皇の即位が約二六〇〇年前だというわけだけど、それはつまり紀元前六〇〇年ぐらいの話になる。最近の研究では、紀元前八世紀頃から弥生時代だったらしいけど、「天皇」という概念がないから、せいぜい「王」に即位しただけでしょう。

ルオフ　僕は近現代の天皇や皇室を研究テーマにしてきたので、古代のことはあまり知識がありません。だから教えてほしいのですが、「王」と「天皇」は違うんですね？

小林　まったく違いますね。「王」は中国に朝貢して向こうからもらう資格のことだった。たとえば、日本人は必ず学校で「漢委奴国王《かんのわのなのこくおう》」と刻まれた金印のことを習うんです。わしが住んでいた福岡の志賀島《しかのしま》というところで発見されたから、校外学習みたいなやつで何度も見に行きましたよ。でも、あれは読み方が本当は違う。京都大学名誉教授の冨谷《とみや》至《いたる》氏によれば、「委奴」は「わど」と読むんです。漢《かん》の委奴国《わどこく》の王。しかも「委」は「倭」からニンベンを取った略字で。

ルオフ　漢字は難しいですね（笑）。

小林　そっか（笑）。当たり前です。日本人だってシナの文献を読めないんだから。冨谷氏はシナの文献や漢字が読める人で、皇帝が与える称号に「王」はあるが「国王」などないと言ってます。漢は「倭奴国」に「王」という称号を与えたのです。ともかく、この

「倭」という字は「従順」という意味なんですよ。次の「奴」は異民族の国名に付けられる卑下の接尾辞です。「匈奴《きょうど》」と「倭奴《わど》」は似たような軽蔑語です。つまり「漢の委奴国の王」とは、「漢民族に対して従順な国の王」のこと。中国で皇帝が交代すると日本列島から委奴国の王が朝貢して、その従順な僕《しもべ》に対して「おまえをその国の王として認める」と言って金印を授けたんです。そんなふうに日本は中国に服属していたんですね。いまの日本がアメリカの属国になってるのと同じですよ。

ルオフ　なるほど、わかりやすい例ですね。ただし、いまの日本には天皇がいるという点が、昔とは違います。

小林　そうなんです。中国の属国だった時代は、まだ天皇がいない。漢委奴国王の金印は、西暦五七年に倭奴国の王が後漢に朝貢して、光武帝《こうぶてい》から授けられたといわれています。さらに『魏志倭人伝《ぎしわじんでん》』によると、二三九年に邪馬台国の卑弥呼という女王が魏の王に朝貢して、やはり金印や宝物を与えられたとされている。その時点でも「王」だったんだから、紀元前六〇〇年に神武天皇が即位したなんて絶対あり得ない。

ルオフ　だとすると、最初の天皇が現れたのは三世紀以降ということになりますね。

小林　もっとずっと後ですよ。たとえば、考古学的に実在した最古の天皇という説もある第二一代の雄略天皇でさえ、天皇ではなく「王」なんです。五世紀に書かれた中国の『宋《そう》書《じょ》』倭国伝《わこくでん》に「倭の五王」として讃・珍・済・興・武という名前が記されているんですが、この最後の「武」が雄略天皇のことだと考えられているんですよ。つまり、宋の皇帝に朝貢して「王」として認められていたわけ。雄略が「王」だったことには別の証拠もあります。稲荷山古墳から出土した鉄剣に雄略天皇とされる「ワカタケル大王」という名前が刻まれているんですね。『日本書紀』では「天皇」にしてしまったけど、明らかに「王」です。

ルオフ　五世紀でも、まだ天皇はいなかったんですね。

屈辱的な名前

小林　「天皇」という号が生まれたのは、卑弥呼の時代より三五〇年以上も後なんですよ。推古天皇（在任期間五九三〜六二八年）という女帝の時代ですね。摂政を務めていた皇太子の聖徳太子が、いわゆる冊封体制から離れて、中国と対等の関係になろうと考えた。そこで六〇七年に小野妹子を遣隋使として送り込んで、「日出づる処の天子、書を日没する処の天子に致す。恙無《つつがな》きや」という有名な一節をしたためた国書を隋の煬帝《ようだい》に渡したわけです。この時点で、日本のトップと隋のトップがどちらも同格の「天子」扱いになった。もう属国じゃありませんと告げたわけだから、これは独立宣言みたいなものですよ。当然、煬帝は「おまえごときがおれと同じ天子を名乗るとは何事だ！」と激怒しました。中華思想では、天子はひとりだけですからね。

ルオフ　でも、まだ「天皇」とは名乗っていなかったんですね。

小林　それが出てくるのは、翌年に送った国書です。最初の国書を受け取った煬帝は激怒したんだけど、そのころの隋は高句麗と対立していたので、倭国を敵にしたくないという事情があった。それで黙って我慢していたんです。推古天皇と聖徳太子は、その国際情勢をうまく利用して次の国書を送ったんですよ。そこには「東の天皇、敬《つつし》みて、西の皇帝に白《もう》す」と書いてあった。「東の天皇」は、推古天皇のこと。ここで初めて「天皇」という号が使われたんです。だから「天皇」という号は、それまでの「王」とはまったく意味が違う。もうどこの属国にもならない独立国の証《あかし》として、天皇を名乗ったわけ。神武天皇から「万世一系」だと思い込んでる男系派保守は、そのあたりの意味がまったくわかっていないんです。

ルオフ　推古天皇は、神武天皇から数えて何代目とされているのですか？

小林　三三代ですね。

ルオフ　じゃあ、一二六代のうち三二代までは「天皇」ではなかったことになりますね。四分の一ぐらいは違っていた。

小林　そういうことです。推古天皇よりも前の時代から、ずっと中国から独立したくて仕方がなかったんですよ。「倭」や「奴」なんていう屈辱的な名前で呼ばれるのはイヤだから。それで推古天皇のときに「天皇」を名乗って中国の皇帝と同格にした。さらに持統天皇（第四一代）のあたりで「日本」という国号が成立して、天皇という号にも法的な裏付けが与えられたんです。ちなみに日本書紀（七二〇年完成）には「親魏倭王」の記事がないのは、隠蔽したいくらい「倭王」という表記が嫌だったからだと、冨谷氏が解説しています。

ルオフ　そうすると、いま小林さんとしては、その時代に「倭」を捨てたのと同じように、日本がアメリカに従属している状態を捨てたいんですね（笑）。

小林　そう、再び独立したいということなんですよ（笑）。アメリカと同格にならなければならない。そもそも独立の象徴として天皇がいるんだから、属国のままではその存在の意味がなくなってしまうんですよね。

しかし、わしがいま話したようなことは、日本ではみんな義務教育で習ってるはずなんですよ。中国と対等な関係にした聖徳太子と推古天皇は立派だった、と。山岸凉子の『日出処の天子』という漫画さえあります。有名な話なんですよ。ところが不思議なことに、東大出のバリバリのエリート官僚や政治家や学者たちが、みんなこれを忘れてるのよね。わしにはそれがまったく理解できない。

ルオフ　二つめの国書で、日本が「東の天皇」なのに、中国は「西の皇帝」なんですね。これは同じレベルだと考えてよいのですか？

小林　同格です。そもそも中国の皇帝は天からその権力を授かったという王権神授説だから、属国のトップが「天」を使うこと自体が許せない。向こうの皇帝は、天から選ばれたのは自分だけだと考えていたわけ。だから日本がやったことは、アメリカがイギリスから独立したようなもので、ほとんど革命と同じことなんです。

ルオフ　なるほど、そういう見方は成り立ちますね。

中国でのイヤな体験

小林　ちょっと中国の話をしておくと、わしは本来、あの国を「中国」と呼んでいいのは孫文が中華民国を建国して以降だと思ってるんですよ。それ以前の総称は英語のチャイナと同じで「シナ」と呼ぶべきでしょう。そのシナを支配してきたのは、ひとつの民族ではありません。

ルオフ　はい、いろいろな民族が次々と支配してきましたね。

小林　たとえば元の時代はモンゴル人が支配していたし、清は満州族の国だったわけです。それぞれ、言葉も違えば文化もまったく違う。ある民族が侵略してシナ大陸を制圧したら、それまでの民族の文化はみんな破壊してきたんですね。いまの中華人民共和国は、清を滅ぼした漢民族の国。それがチベットやウイグルをどんどん占領して、漢民族が拡大しようとしているわけです。

いまの中国は文化も言葉も全部バラバラだから、たとえば共産党大会でも同時通訳をつけないと話が通じない。香港の人間も、北京の人間とは言葉が通じません。そういうバラバラな民族の寄せ集めだから、力で弾圧しなければならない。そうしないと、香港デモみたいなのがあちこちで起きて手がつけられなくなって、国家が転覆しちゃうんですよ。あれだけの人口を抱える大陸が無秩序な状態になってしまったら、民族同士がお互いに虐殺し合う悲惨なことにもなりかねないので、共産党の独裁国家が力で抑えつけて秩序を保っていたほうが、ある意味ではいいのかもしれない。

ルオフ　昔から中国は、民主主義を否定するためにいつもその言い訳を使いますね。

小林　そうそう（笑）。もちろん、その問題はあるんですよ。民主主義になれるなら、それに越したことはない。しかし中国大陸全体をひとつの民主主義国家にするのは無理だとわしは思うんですよね。できますかね？

ルオフ　僕もわかりませんが、たとえばインドも民族や言語が多様な国で、人口も中国の次に多いけど、何とか民主主義をやりながら統一性を保ってますね。でも、たしかに簡単ではないと思います。

小林　中国共産党は民主主義をやる気ないでしょ。

ルオフ　やりたくはないでしょうね。僕は一度だけ、中国で研究をしたことがあります。いろいろな経験がありました。たとえば、あそこの政府の人たちは「アメリカから大学の教授が来ているから毎晩毎晩ちゃんと晩餐会をしないと失礼だ」と言ってご馳走してくれます。きっと、自分たちが公のお金で美味《おい》しいものを食べたいがためにやっていたんでしょうけど（笑）。それはともかく、それまで僕は民主主義的な国だけで研究をやっていましたから、中国ではいつも管理されるのがイヤでしたね。たとえば図書館で資料の閲覧を頼むと「なぜ資料を見るのか」と聞かれます。「その当時の満州への観光を研究しているから」と答えると、こんどは「なぜその当時の満州への観光を研究しているのか」と質問されます。ほんとにイヤでしたね。

小林　やっぱり、そういう感じなんだね。

ルオフ　中国を出て韓国のソウルに到着したときには、「ああ、これは嘘じゃない！　ほんとに民主主義の国に戻ってきたんだ！」と嬉しくなりました。中国のような権威主義的な国は、研究者にとってはものすごく難しい。政府を怒らせると入らせてもくれませんから。

小林　言論の自由がないから、いまや天安門事件も何も知らないような国民が育ってしまったわけですよ。日本では自国の歴史を否定的に言う人も肯定的に言う人もいろいろいるけど、中国ではそれが許されない。ひとつの歴史観しか許されないから、「中国三〇〇〇年の歴史」とか言い始めるんだよね。でも実際は同じ国が何千年も続いているわけじゃなくて、周辺の民族が入ってきて支配者が次々と交代している。一〇〇〇年ぐらい前の鎌倉時代にはモンゴル人の国で、それが日本にも攻め込んできたりしたんですよ。いまも相撲の世界にはモンゴル人が次々とやってきて、日本人はなかなか勝てないけどね。元寇のときは神風が吹いて侵略されなかったけど、相撲は横綱がみんなモンゴルに取られてしまってガッカリですよ。まあ、その話はどうでもいいんだけど（笑）。

神話の中の何が真実なのか

ルオフ　話を戻せば、小林さんのお話をうかがうと、やはり「神武天皇から」という言葉を使うのはやめたほうがいいと思います。

小林　少なくとも「天皇」という号はなかったし、実在した証拠もないからね。

ルオフ　しかし幕末に王政復古運動が活発になると、幕府はまったく証拠がないのに神武天皇の存在を認めました。それから、たぶん存在しなかった神武天皇の陵もつくりましたね。国民が神武神話に参加できるように、橿原神宮も建てました。神話を神話として扱うなら何の問題もありませんが、そうやって証拠がないものをつくったのは問題です。もっと問題なのは、神武天皇の神話を戦前、戦中の時代に軍国主義的なイデオロギーのために利用したことではないでしょうか。あのイデオロギーを肯定するのは、ちょっと気をつけたほうがいいと思いますね。

小林　わしはかつて「新しい歴史教科書をつくる会」という運動を立ち上げて、じつは神武天皇に関する記述を任されたんですよ。ただし、それはあくまでもコラム扱い。つまり、史実扱いじゃないんですよ。史実として「神武天皇が初代天皇だ」と書くと、文科省の検定に通らない。国家がそれを歴史的事実としては認めてないからです。だからわしは文化として神話の章を書いた。これはまったく当たり前のことで、「神話」と「伝承」と「史実」はしっかり区別しなきゃいけません。

神話は、完全に神代の世界を描いたものです。それに対して、神武天皇に続く「欠史八代（第二代綏靖天皇から第九代開化天皇までの八人の天皇）」は伝承なんですよ。百歳以上まで長生きした天皇が何人もいたという部分ね。そもそも神武天皇が『古事記』では一三七歳、『日本書紀』では一二七歳まで生きたことになってるのが信じられないんだけど、五代の孝昭天皇から一三代の成務天皇までは百歳を過ぎてから崩御しとるの。六代の孝安天皇なんか神武天皇と同じ一三七歳だからね。医療も公衆衛生も発達してなかった時代にそんなに長生きするわけがない。でもこれは神話ではなく、そう言い伝えられている話だから伝承なんです。

ルオフ　そんなに長生きしたことが、もしも史実として証明されたら、大変なことになりますね。

小林　ところが男系派の連中は、神話と伝承の連続性を断ち切って、神武天皇の時代からすべて史実として扱おうとするんですよ。これがもう、根本的におかしい。国家が認めるはずがない話なんです。むしろ、天皇というのは神話がないと本当は成り立たないんですよ。なぜなら、史実には三種の神器が出てこないからです。八《や》咫鏡《たのかがみ》、草薙剣《くさなぎのつるぎ》、八《や》坂瓊《さかにの》曲玉《まがたま》。これは天皇のレガリア（王権などの正統性を示す宝器）として絶対に必要でしょ。でも三種の神器がどこから発生したのかは、史実の中に出てこない。神話の中にしかないんですよ。だから、神話を否定したら天皇はなくなっちゃうことになるんですよね。そう考えると、天皇そのものがある種の国民のフィクションとして成り立っていることを認めないといけないんです。

ルオフ　しかし神話を否定しても、天皇制そのものをなくす必要はないのでは？

小林　いや、神話を否定したら三種の神器の説明がつかないんですよ。あれを継承しないと天皇になれないから、今回の代替わりでもわざわざ剣璽等承継の儀という儀式をやったわけです。あれの根拠は神話の中にしかないから、神話を否定すると制度としての天皇を残したくても残せないんです。

ルオフ　なるほど、天皇の正統性を裏付けるのが三種の神器なんですね。

小林　もうひとつ、神話といえば出雲大社。あれも史実の中には出てきません。社《やしろ》は現実に存在するんですよ。本当はビル一〇階分ぐらいの高さで、ものすごく長い階段がついていたんです。出雲大社にはその模型がありますけど、それが何だったのかは、歴史学的にはわかっていない。神話の中にはあるんです。国譲りという神話では、大国主命《おおくにぬしのみこし》が支配していた葦原中国《あしはらのなかつくに》を天照大神《あまてらすおおかみ》に譲ったことになっている。もっと歴史学の研究が進めば、大国主命のモデルみたいな支配者がいて、それが出雲を平定したことがわかるかもしれませんけどね。たぶん、出雲は出雲で大和朝廷とは別の国だったんですよ。それが神話では「国譲り」の話になったんでしょう。

ルオフ　神話であっても、完全なフィクションとはかぎらないわけですね。

小林　事実とフィクションが入り交じった漠然としたものだから、ひょっとしたら神話にも一片の事実が含まれているかもしれないんです。日本は歴史が古くてわからない部分が多いから、神話を完全に否定してしまうと、国が歴史的にどうやって成り立ったのかを探るためのヒントがなくなってしまうんです。

ルオフ　はい、それは理解できますね。

小林　だからわしはいずれ自分の作品で、神話の中の何が事実なのかを考古学も含めて検証して、なぜ日本という国ができあがったのかを明らかにしたいと思ってるんです。ものすごい挑戦ですけど。それこそ神武天皇も、完全なフィクションではないでしょう。神日《かむやま》本《と》磐余彦《いわれびこ》天皇《のすめらみこと》という名前からすると、大和の国の岩深い盆地を支配していた豪族の長だった。それが「天皇」だったということはあり得ないし、どういう人物だったのかもわからない。宮崎あたりから支配を広げて大和に辿《たど》り着くという「神武東征」みたいなことが本当にあったかどうかは、わからないんです。

それについては科学的に検証していく必要があるけれど、いずれにしろ天皇制そのものがフィクションを基盤に形成されてきた日本人の知恵なんですよ。皇統譜なんかかなり作為的ですから。初代天皇は神武天皇となってるけど、皇統譜上の世系第一は天照大神。これはもう、フィクションに基づかなければやりようがない。これはべつにおかしなことでも何でもないんですよ。それこそアメリカだって、大統領が聖書の上に手を置いて宣誓するでしょう。その権威の源は何なのかといえば、神ですから。

ルオフ　そうですね。

小林　そのフィクションの部分がないと、大統領が「さあ、みんな私を尊敬して言うことを聞きなさい」なんていったところで、「そこに何の正統性があるんだ」という話になってしまうわけですよ。大統領の正統性の奥底には、やっぱりキリスト教がある。日本の場合は、天皇の神話が権威の正統性を担保しているんです。

ちなみにアメリカが日本と違うのは、大統領が権威と権力の両方を持っていること。どちらも神に誓うことによって発生してるんだけど、権威と権力が分かれていないのがアメリカの弱い部分だと思いますよ。権力者が権威も独占するから、トランプのように激しく嫌う人が多い大統領になると、国民が分裂してしまう。それは、権威を認めてないからでしょう。権力は仕方がないとしても、フィクションの部分である権威をみんなが認められないと、社会がひとつにならないんです。そういう意味でも、フィクションは国家にとって大事だとわしは思います。

全国一九カ所の「神武天皇聖跡」

ルオフ　いまの日本の教科書では神武天皇を史実としては書いていないというお話でしたが、かつてそのフィクションを政府が史実として認定したのが、一九四〇年の「紀元二六〇〇年祝賀行事」のときでした。いまから見ると信じられないことですけど、当時の日本政府は神武天皇聖跡の調査、保存、顕彰を行うために、その偉業に関係する場所を正式に認定しましたね。神武東征のときに通ったとされるたくさんの土地の中から、七つの府県の一九カ所に顕彰碑をつくりました。当時いちばん有名だった東京帝国大学の歴史家を含めた専門委員会が「ここはダメだけど、ここは本当に神武天皇が通った」などと真面目に検証して、結論を出したんです。もちろん、調査や建設の費用は国が出しました。その顕彰碑は、いまでもそのまま残っていますよね。あれはどうしますか。

小林　ああ、なるほど。それ以外にも、宮崎県の高千穂なんかは神話に出てくる天の岩戸があるんですよ。行ってみたら「えーっ！　なんでここに神話の岩戸があるの！」という感じ（笑）。

ルオフ　まあ、観光のために用意されているんでしょうね。紀元二六〇〇年祝賀行事のとき、宮崎県は一カ所も政府に認められませんでした。だから、ずいぶん怒っていましたね。認められれば、経済的にも意味がありますから。宮崎市の平和の塔は知ってますか？

小林　いや、それは知らないな。

ルオフ　平和台公園というところにあるんですが、じつはまったく平和の塔ではないですよ。あれはもともと、紀元二六〇〇年を記念するために建てられた「八紘之基柱《あめつちのもとはしら》」です。

正面には「八紘一宇」という文字が彫られているので、「八紘一宇の塔」とも呼ばれました。戦後になってから「平和の塔」と名付けられたんです。もし機会があれば行ってみてください。申し込むと、塔の中に入る許可を得ることができます。中には、当時の軍国主義を支持するために皇室の神話を利用した絵などがありますよ。

小林　ああ、思い出した。わしは「八紘一宇の塔」と思い込んでいたから、「平和の塔」じゃピンと来なかった。

ルオフ　まあ、それは中央政府が建てたものではありませんし、神話や伝承を史実として扱っているのは良くないが、でも中央政府じゃありません。しかし、政府が神武天皇の存在を史実と認定した一九カ所の顕彰碑は、そのままではいけないのではないでしょうか。

小林　どうしたらいいだろうね。

ルオフ　たぶん、破壊したい人はいると思いますね。でも、そのまま残したい人もいるでしょう。僕がいちばんいいと思うのは、壊さずに残して、その代わりちゃんとした説明をつけることです。国民に戦争を支持させるために、当時の政府が歴史を利用してまったく証拠がない誤った歴史を伝えようとしたものだ、といった説明を書いたほうがいいのではないでしょうか。

小林　そういう客観的な記述をやっても、わしはかまわないと思いますよ。ただ、その土地の人たちはそれに誇りを持っていたりするし、たぶん観光資源にもしているだろうから、反対するんじゃないかな。それに、神話は神話、伝承は伝承ということがみんなわかっていれば、そんなに大きな問題ではないような気もする。宮崎県の天の岩戸を見て、「おお、ここに天照大神が隠れたのか！」と本気にする人はいるわけがないし（笑）。

ルオフ　その一九カ所の顕彰碑は中央政府がやったことだから、天の岩戸とは違います。

小林　うん、たしかにそこは違う。

ルオフ　政府には責任があります。民間人や地方の自治体がそういうことをするのは、まあ仕方がないかもしれません。しかし昔の中央政府がまったく史実ではない歴史を伝えようとしたのは、いまの政府がはっきり否定したほうがいいと思いますね。

小林　神武天皇の話は「神話」ではなく、民衆のあいだでそう伝えられているという意味の「伝承」なんです。そこには、まったく根拠がない。それを史実と区別していないことはたしかに問題ですよ。神話は誰が聞いてもフィクションだとわかるけど、伝承の場合、人々が史実と区別をつけにくい面はあるでしょうね。しかし証明されていない以上、伝承も史実ではない。だから教科書では史実として扱わないわけです。

言い伝えとしては、宮崎の日向のあたりから出発して、瀬戸内海を北上して大和の地に辿り着いたというのが「神武東征」ですよね。それが本当かどうかは全然わからない。古代については、いろんなことを言う学者や研究家がいますけどね。たとえば古田武彦という人は面白くて、北九州一帯に王朝があったとする「九州王朝説」を唱えています。天皇の王朝よりも先にその王朝があって、朝鮮やシナと交易をやっていたというわけ。大和王朝は先行する九州王朝の支店みたいなものだという考え方なんですよ。わしは福岡の人間だから、この説がとっても好きでね（笑）。やっぱり郷土愛があるから、嬉しいんですよ。だからわしは、邪馬台国も九州にあったと思ってるんです。いま学界の主流は大和王権の前の姿が邪馬台国であり、どっちも大和の地にあったという考え方だけど、とくに九州には「邪馬台国は絶対に九州にあった」と主張する学者も多くて、わしはそっちを支持してる（笑）。まあ、伝承にはそういう主観がどうしても入るわけです。

神話を誰が何に利用してきたのか

ルオフ　あれは去年でしたか、宮崎市で開催される学会に誘われて行きましたが、ホテルの部屋で夜中に目が覚めて何か読む物がないかと探したら、『古事記』が置いてありました。欧米のホテルはたいがい聖書が置いてありますけど、なるほど宮崎らしいな、と思いましたね（笑）。

小林　なるほどね。『日本書紀』は中国に日本の歴史を伝えるための書だから漢文で書かれていて、日本人には難しくて読めない。でも『古事記』は日本人向けに和語で書かれたもので、いまの日本語に近いんですよね。だから『古事記』のほうが置いてあるんでしょう。いずれにしろ、日本の神話がどういうものなのかというのは、日本人にとって大切な教養のひとつ。歴史上いちばん最初の書物だから、読んで知っておいたほうがいい。

ルオフ　ギリシャの神話が西洋文明に影響を与えているのと同じようなことですね。論文の中で一九四〇年の紀元二六〇〇年祝賀行事について書くためにいろいろ調べたときに面白かったのは、その当時、神武天皇の東征の経路をまわって歩いた日本人が少なくなかったことです。すでに日本は世界でもいちばん近代的な国のひとつでしたけど、まったく史実ではない伝承を真面目に受け止めていた。

小林　だから、当時の皇国史観教育がよっぽどすごかったわけだよね。神武天皇が神格化されてしまって、多くの国民がそれを信じていた。その感覚は、戦後生まれのわしにはもうないですよ。しかし不思議なことに、明治の感覚に逆戻りしている保守派が大勢いるわけ。アナクロニズムですよ。懐古趣味で「神武天皇万歳」みたいな状態になっちゃって、それを史実であるかのように語ることで、むしろ神話を否定してるというムチャクチャさ加減ですよ。神話は神話として読まないと教養としての意味がない。おっしゃるとおり、ギリシャ神話といっしょですよ。ギリシャ神話には、面白い逸話がいっぱいあるじゃないですか。

ルオフ　人間の行動や生き方などに関するいろいろな知恵も書かれています。

小林　そうなんですよ。苦役を与えられるシーシュポスの神話とかね。自分の身体より大きな岩を山の上まで運ぶ苦役を与えられて、やっと頂点まで行ったと思ったらその岩がダーッと向こうに落ちていってしまう。だからまた向こう側に降りていって、上まで運ばなければならない。神様がそんな罰を与えられるんだから、面白いよね。ギリシャ神話の世界も一神教ではなく多神教だから、そういう神様もいるわけです。日本の神話も、いろいろな神様がいるという点ではそれと似てるんですよ。スサノオノミコトみたいな乱暴な神様も出てくる。

ルオフ　はい。ですから神話そのものは広く読まれればいいと思います。問題は、それを誰が何に利用してきたかということですね。

小林　明治維新後の近代化で「国民」を作り出さなければならなくなったときに、当時は何でも利用してしまったんです。神武天皇の伝承も利用されたし、天皇自体も一神教の神として利用された。ヨーロッパに行って勉強した伊藤博文が、やはり一神教の国々の感覚に合わせないと日本も近代化できないんじゃないかと思って、天皇を利用したわけです。もちろん、神道そのものも近代化のために利用したといえる。

ルオフ　そうですね。神武天皇の聖跡や顕彰碑に関してはいろいろと心配なことがありますが、僕がいちばん心配なのは学者の姿勢です。当時、最も有名な学者や歴史家などが調査をして「これが本当だ」という結論を出しました。もちろん、いまの大学教授の多くは、その当時の学者ほど政府が言ってほしいことを言いません。でも、そういう先生がまだいるのもたしかでしょう。

小林　はい、何人もいます。

ルオフ　政府が言ってほしいことを言うのでは、どうして大学の先生になったのか僕にはわからないですね。

小林　まったくそのとおりですよ。歴史学者は史料批判を通して事実を調べるのが本来のあり方。たとえば、かつて仁徳天皇陵とされていた墓だって、そこに眠っている天皇が誰なのかはわかっていません。調査されてないんだから。だから最近は、仁徳天皇陵と呼ばなくなった。いまは「大仙古墳」と地名で呼んでいます。教科書もそうです。だからいまの中学生や高校生に「仁徳天皇陵」と言っても、何のことかわからないでしょう。文科省の教科書検定は厳しいんですよ。必要な史料が出せなければ通らない。前に竹田恒泰という奴が、自分を信奉する学生といっしょに教科書をつくろうとしたときも、文科省が求める史料が出せなくて検定不合格になっちゃいました。そういうところは、文科省もしっかりしているんです。まともな学説じゃなければ通さない。

ルオフ　それをもうちょっと隣の国々に説明したらいいと思いますね。

小林　ただ、その学問のやり方を知らないんですよ、韓国や中国は。日本の場合、歴史学は一次史料、二次史料、三次史料と分けて、それによって事実を認定していくやり方だけど、彼らは違う。自分たちの物語で作っちゃうから。

ルオフ　歴史家の務めは自分で物語を作ることですから、たぶんどこの国でも同じことが行われてますけど（笑）。

小林　でも日本の場合は、少なくとも一次史料があるんですよ。たとえば古墳から出土した鉄剣に「ワカタケル大王」と書いてあれば、そういう人がいたことは事実としてわかる。そういう一次史料もなしに物語を作っちゃいけません。

ルオフ　たぶんどこの国でも、そういう史料批判をあんまりちゃんとしないで歴史を書いている人はいますね。学者の中でも。

小林　そこが問題なんですよね。わしも最初は、歴史って自由に自分の推測だけで書いていいのかと思ってたんですよ。でも「新しい歴史教科書をつくる会」をやっているとき、伊藤隆という東大名誉教授に史料批判の仕方を教わったんです。

ルオフ　その先生のことは知っています。

小林　わしが勝手に書こうとしたら、「それを裏付ける史料は何だね?」と言われるんですよ。だから必死で探すんですけど、出てこない。見つけて出したとしても、「その史料はすでに否定されている」とか言われて蹴られるんですよ。そういう史料批判のやり方を学べたのは、あの会で得た数少ない収穫のひとつでした。

だからわしは神武天皇の伝承について考えるときも、その「カムヤマトイワレビコノミコト」という名前の意味をまず知ろうとするわけです。「カム」は神、「ヤマト」は奈良の辺りで、「イワレ」は岩が多いという意味。「ヒコ」は男、「ミコト」は尊称だから、奈良の岩深い村にいた男性の支配者であることがまずわかる。しかし二六〇〇年前となると弥生時代だから、天皇に即位するわけがない。二六〇〇年前にとらわれずに推測して、いつ存在した人物なのか考えると、邪馬台国よりも後で「天皇」の号よりも前だとしたら、西暦三〇〇年あたりかなと見当がつくんですね。でもその時代の一次史料を探しても、それらしきものが出てこない。結局のところ、神武天皇に関する史料は皇統譜と『古事記』『日本書紀』しかありません。しかもそこには一二七歳まで生きたと書かれているんだから、事実として認定できるわけがないんですね。これはもう、どうにもならないですよ。結局、伝承として見る以外にない。文科省が史実として見るわけがないんです。

第二章
外国人労働者と天皇

日系人を日本の宣伝に使う

ルオフ　明治時代の日本人は、皇国史観教育の力もあって、神武天皇の伝承を多くの人が信じるほどまとまりがありました。戦後も、「国民の天皇」は日本の統合の象徴であり続けています。しかし、これからの日本はどうなるでしょう。専門家によると、日本は移民を受け入れないと、これから三〇年間で人口は三分の二になるそうです。

小林　たしかに、そこは大問題なんですよ。

ルオフ　アメリカでも、これからは白人が少数派になります。僕も白人ではありますが、いままで白人であるというだけで有利な立場にいた人たちにとって、これは本当に怖いことですね。

小林　そうでしょうね。日本も人口が減って、労働力を確保するには移民を受け入れなくちゃいけないという流れになっています。わしはそれに抵抗したいけど、抵抗する方法がないんですよ。どうにもならん。だから問題なの。たとえば天皇に対してその移民たちがどう思うのか。日本人の価値観を受け入れられるのか。なにしろ多神教の国に一神教の人たちが入ってくるんだからね。フランスで問題になっているように、スカーフ（ヒジャーブ）をまとって顔もわからん人間がウロウロすることになるわけですよ。

ルオフ　あれは難しい問題ですね。フランスでは、まず公立学校でスカーフを禁止する法律がつくられ、さらに公共の場で顔を覆うものをつけるのを禁止する法律もできました。

小林　わしは怖いですよ。顔を隠してたら怖い。

ルオフ　でも、同化すれば普通の日本人になれる。血で決まるものではありませんからね。文化を共有すれば同化できます。

小林　そう、同化すればいいんですよ。だから、たとえば日系ブラジル人はもう日本人じゃなくてブラジル人でしょ。昔の日系ブラジル人を題材にしたテレビドラマを見ると、ブラジル移民の一世はまだ日本人なんですよね。ところが二世になると、もう分裂が始まる。「自分は完全にブラジル人だ」と言う者もいれば「日本精神を持ったブラジル人だ」と言う者も出てくるんです。三世ぐらいになったら、みんな完全にブラジル人ですよ。それはハワイに行って日系人の仕草を見ててもわかるよ。顔や肌の色は日本人なんだけど、立ち居振る舞いを見ると、これは全然日本人じゃないわ、と思う。

ルオフ　ところが、おかしなことがあるんです。日本の政府は、あちこちの日系人をいまでも日本の共同体に入れようとしているんですよ。

小林　え、そうなの？　どういうことですか？

ルオフ　日系人を日本の宣伝者として使おうとするんです。日本政府は、あちこちの日系人をビジネスクラスに乗せて日本に招待して、一週間ぐらいのゼミを受けさせるんですよ。そこで日本の良いところなどを紹介する。日系アメリカ人なら、米日関係の素晴らしさも教えるでしょうね。それで彼らが自分の国に帰ってその話をしてくれれば、見た目は日本人と同じなので、現地の人々が日本人の意見として聞いてくれると、日本政府は考えているわけです。

小林　そんなことしてるのか。アホだね。話にならん（笑）。

ルオフ　それぐらい、日本政府は「血」を重視しているということでしょう。その日系人たちは日本語も話せないし、日本の文化も知らないのに。たとえば韓国やアメリカも、自分たちの国に興味を持っている外国人を招待することはあります。ところが日本政府は、興味があってもなくても日系人を宣伝者として利用しますね。

小林　それはおかしいや。

ルオフ　戦前には「海外同胞」という言葉がありました。あのときも、彼らを宣伝者として利用しようとしましたね。そういうときに日本政府の関係者が強調するのは「血は日本人だから必ず天皇に忠誠を誓うはずだ」ということです。これが悲惨だったのは、向こうの警察がそれを事実として受け止めてしまったことですね。だからアメリカの日系人は、戦争が始まると敵国に忠誠を誓う人間だと判断されて、収容所に入れられてしまいました。

小林　そうなのよ。だから日系のアメリカ人たちは、自分がアメリカに忠誠を誓う人間であることを証明するために、自ら志願して激戦地のヨーロッパ戦線に行って、必死に戦ったんですよね。そうやってアメリカの市民権を認めさせようとしたわけです。

ルオフ　日本政府がそんなふうに「血」を重んじる考え方を持っているのだとすると、将来の人口減少問題を解決する道のひとつとして、海外の日系人を日本の共同体に入れようとするのではないかというのが、僕の仮説です。

小林　もし本気でそんなことを考えていたら、完全にアホですよ。移民はみんな現地に同化してるんだから、日系アメリカ人はアメリカ人だし、日系ブラジル人はブラジル人。いまさら日本人になれるわけがない。

ルオフ　海外から日本に入ってきて、日本の共同体に入れてほしがっている人たちがたくさんいるのに、それを相手にしないで海外の日系人を特別扱いするのは、すごく残念なことです。

小林　日系人を特別扱いして日本の宣伝者として利用するぐらいなら、むしろルオフさんを日本の社会に入れたほうがいいよ（笑）。

ルオフ　僕は誘われませんね（笑）。僕が勤める大学のあるポートランドには日系人が結構いるんですが、これまで一〇人ぐらい日本政府に高給で誘われてます。

小林　ほんとに？　ムチャクチャな話だな。そもそも日本には「郷に入っては郷に従え」という諺《ことわざ》もあるぐらいなんだから、日系人はその国の人間になるんですよ。ただ、日本人が移民先に同化していくのは、やはり一神教ではないからです。多神教の文化だから、どこに行ってもそこの神様を受け入れられるんですよ。でも日本に来るイスラム教徒などは、そうはいかないでしょう。一神教の人たちは、日本社会に同化しないおそれがある。これがいちばんの問題なんです。同化せずに、日本社会にある暗黙のルールを守らない移民がたくさんいると、あちこちで衝突が起こるでしょう。もともと移民国家のアメリカでさえ排外主義が激しくなってるんだから、日本でも同じことが起きますよ。

移民と天皇

ルオフ　そうですね。ですから僕は、この令和時代の新しい天皇のいちばん難しいお役目は、多様になる国民に統一性を与えることではないかと思うんです。

小林　たしか上皇上皇后両陛下が、退位される前に外国人向けに日本語学習などを支援する施設に行きましたよね。たぶん、これから移民が入ってきた場合は日本語教育が重要になるということを示唆しているんだと思いますよ。

ルオフ　僕もそれを勧めていたので、とても良いことだと思います。移民の同化のためには、何よりも言葉が大事です。政府もそのための政策を実現しようとしていますが。

小林　そう、わしも言葉がいちばん重要だと思う。

ルオフ　それから、移民に対する寛容の心を育てるためには、いまの日本人の先祖も移民だったことを覚えておいたほうがいいでしょう。

小林　それはそうですよね。

ルオフ　日本はこれまで移民を全然受け入れていないわけではありません。七世紀に朝鮮半島の混乱から出てきた人たちがいましたし、一七世紀には中国で起きた混乱から逃れてきた儒教の学者も入ってきました。でもいちばん忘れてはいけないのは、多くの日本人が移民として海外に行ったことです。ですから日本も、ある程度は移民を受け入れる責任があるんじゃないかと思います。

小林　そうですね。いずれにしろ、このまま少子化が進んでいけばどうにもならないんだから、それはしょうがないでしょう。ただし移民を受け入れる前にやってほしいことはいっぱいありますよ。もっと女性が働きやすい社会にするとかね。それを全部切り捨てて、いきなり移民を入れたりしたら、おかしなことになってしまう。

ルオフ　たしかに、そのへんは上手くやらないと排外主義が出てきますね。あまり急ぎすぎると、失敗する可能性が高いです。

小林　そうですよ。徐々に徐々にやっていくしかない。そもそも少子化だって、経済の問題が大きいわけですからね。女性の多くは、子どもを三人ぐらい産みたがってるんですよ。

それが産めないのは、ネオリベラリズム経済だから。ごく一部の富裕層に利益が吸い取られてしまって、子どもを産みたがっている女性たちのところまでお金が回っていかない。非正規社員ばっかりになってしまって、将来の不安が大きすぎる。とてもじゃないけど子どもを何人も育てて大学まで出すのは無理という状態になってるのがいけないんです。

いまは、個人消費を伸ばすことで税収を上げるべきでしょう。ところが実際には、一般庶民から消費税をたくさん取って、法人税はほとんどゼロという状態を続けようとしている。そうやって大企業だけを優遇するから、個人消費が伸びない。GDPの六割は個人消費が占めていますからね。その個人消費が伸びないから、税収が増えない。だからまた消費税を上げるという悪循環に陥ってしまうんです。

むしろ消費税をゼロにしてしまえば個人消費が伸びるから、企業も「もっと売れるぞ」と設備投資を始めるでしょう。そうなれば、労働者をどんどん雇うこともできる。そういう方向に経済を回さないとダメなんですよ。

ルオフ　賛成する部分はあります。

小林　なおかつ、少子化を止めるにはバラバラになってしまった共同体を再生しないといけない。たとえば各都市に路面電車みたいなものを走らせて、自動車が中心まで入ってこないようにして、そこに商店街なんかも作って、子どもや老人たちが暮らせるような町にする。そこに公共事業としての投資もしていけば、暮らしやすい町があちこちにできるでしょ。そうすると、みんな安心して子どもを何人も産めるんですよ。あっという間に人口が増加に転じて、移民を入れる必要はなかったという話になるかもしれない。しかし「強者がすべて取ればいい」というネオリベラリズムは、それとは逆方向に経済を回すわけ。そこがすべての崩壊の原因ですよ。

ルオフ　これも天皇や皇室にとっては難しいところですね。憲法の制約があるので政治とはあまり関わらないようにしながら、しかし弱者には配慮しなければいけない。たとえば日本のような豊かな国で、子どもたちがおなかを空《す》かせているのはおかしいです。天皇には、そういう問題に対処するための象徴的な行為が求められるのではないでしょうか。

小林　うん。子ども食堂とかに行ってほしいね。いまは本当におかしいですよ。わしが小学生のときは、弁当を持って来られない子がクラスに一人はいました。でも給食のシステムなんかも充実していったから、それはだんだん減っていった。ところが、いまは飯を食えない子どもがいっぱいいるんだよ。昔よりも貧しくなっちゃってるんだから、意味がわからない。これだけ庶民にお金が回ってないんじゃ、子どもは産めないわ。

ルオフ　ネオリベのとくに嫌いな点は、市場を神様のように見ることですね。市場を道義的なものだと考えているんです。でも、まったく道義的ではありません。昔のアメリカだったら、本当の意味で道義的に行動する人が大勢いたでしょう。僕は無宗教ですけど、キリスト教の影響が強い社会では、恵まれている人たちが貧しい人たちに手を差し伸べるのが道義的な原則ですね。でも市場を道義にかなうものだと考えると、それをやる必要はなくなってしまいます。何が公益かということも、市場によって決まるという結論になってしまうんです。これは、本当に大失敗です。ネオリベ的なやり方は早くやめたほうがいい。たぶん、その悪影響はアメリカのほうが酷いと思いますが。

小林　たしかに。ネオリベの市場原理主義が広がったのは、共産主義が崩壊してしまったことがひとつの原因ですよね。冷戦時代の共産主義国家がみんな資本主義国家になっちゃった。そうなると、もう資本主義に対する脅威が存在しない。

ルオフ　僕もそう思います。全然マルクス主義を恐れてないから、平気で従業員を捨てることもできてしまうんですね。

小林　そうなんですよ。だから経団連なんか「どうせ終身雇用は守れない」なんて言い始めてるからね。すごいことになってますよ。その一方で、年金はアテにならないから六五歳までに二〇〇〇万円は貯金が必要だという話になってる。これじゃあ、みんなどうやって生きていけばいいのかわからない。年を取っても給料が上がらないどころか、むしろ下がっていくんだからね。わし、漫画家になったときに「フリーランスの自分なんか、ヤクザもんですから」とか格好つけて言ってたんですよ。当時は終身雇用制で、堅気の人間はみんな企業がずっと面倒を見てくれる世の中だったから。でも、ふと気づくと、いまは全員ヤクザもんになっちゃったような感じでしょ。何の保証もない国民ばっかりですよ。全員が生き残るために戦わなければならないんだから、恐ろしい変化です。

ルオフ　そういう変化に対して、令和の皇室には何ができるでしょう。

小林　経済問題だから、本当は天皇がやることじゃないよね。しかしおそらく、黙って見ているとこともできないでしょう。

天皇の政治利用

ルオフ　たとえば明仁上皇と美智子上皇后は、日本でいちばん弱い人々に手を差し伸べてきました。とくに障害者の生活は、明仁上皇のおかげでずいぶん改善されましたね。それがなければ、たぶん政治家の対策はもっと遅れたでしょう。天皇は国政に関する権能を持たないけれど、社会的な影響力があります。ですから、経済的に困ってる人々に対して天皇が何かすれば、政治家が動くかもしれません。でも立場的に難しいですね。

小林　そうだね。公的行為というのを認めず、そういうことはすべて政治に関わる問題だと見なして「憲法違反だ」と言う連中もたくさんいるから。

ルオフ　とくに経済の問題は政治と深く関連するので難しい。

小林　だからわしは、天皇への閣僚の内奏を英国のオーディエンスのようにやるべきだと思ってるんですよ。オーディエンスとは毎週火曜日に、英国の首相が女王にいろいろな説明をすること。天皇も貧困問題についても、首相と話せばいいじゃないの。「最近の経済はどうだね。ずいぶん貧困層が多くなってしまったようだけれども、これでいいのかね」

と天皇が言ったら、首相は「この政策で大企業の利益を伸ばせば雇用者が増えると思っております」とか答えるわけですよ。そこで天皇が「しかし、大企業の利益をいくら伸ばしても庶民のところにお金が回らないようになってるんじゃないかね。グローバリズムの世界では外国企業と競争しなければならないから、企業は利益を内部留保に回してしまうよね」と意見する。そこまでやると、国会の党首討論みたいになっちゃうけど（笑）。

ルオフ　しかし、じつは天皇が障害者という弱者に手を差し伸べることも、ある意味で政治に関連することだと僕は思います。たとえば弱者のことを忘れて、バリアフリーのことも考えず、ひたすら効率のよい都市計画を求める政治的な立場もあり得るでしょう。だとすれば、障害者の生活を改善したほうがよいというのもひとつの政治的な立場です。誰も文句をつけない意見だから「憲法違反だ！」と言われないだけで、政治的であることは間違いありません。

小林　たしかに、それはそうです。天皇や皇室の公的行為は、いつでも政治的な行為に転化しうる。一九六四年の東京パラリンピックでは、名誉総裁を務められた当時の明仁皇太子が「このような大会を国内でも行ってもらいたい」と述べられ、全国身体障害者スポーツ大会（現・全国障害者スポーツ大会）が始まった。当然それにはお金がかかりますからね。税金を使うわけですよ。障害者スポーツ大会によって障害者が励まされるなら決して悪いことじゃないから、その税金の使い方も間違ったことではない。でも、政治的に動かしてしまったことはたしかです。そこで政治家が動かなければそうしたスポーツ大会はできないからね。ハンセン病の問題もそう。天皇と皇后が療養所を訪問したりすれば、国も動かざるを得なくなって賠償をすることになったりする。そうやって、何らかの形で政治的効果を発生させてしまうわけです。そこで難しいのは、天皇が善行をやりさえすれば何でもかんでも政治家が必ず動いて解決するだろうと期待していたら、それはもう「積極的に政治的な公務をやってください」と言ってるのと同じになってしまうんですよ。

ルオフ　なるほど。天皇の政治利用になってしまいますね。

小林　そうなんです。たとえばわしは、オリンピックなんかどうでもいいから東北の被災地を早く復興させてくれと思っているんです。だからオリンピックにぶつけてゴー宣道場を東北でやってしまおうかとも考えてるんだけど、天皇がそういうことをやってくれればいいと思ったりしますよ。天皇がオリンピックのときに東北に行って、「まだ大変な生活なんですね」とか被災者に声をかけてくれたら、国民の中に「オリンピックで浮かれてる場合じゃなかった……」という疚《やま》しさが芽生えるかもしれない（笑）。そう思ってたら、逆に天皇をオリンピックとパラリンピックの名誉総裁にしてしまったけどね。それだって、政治利用といえば政治利用なんですよ。ともかく、そうやって何でも天皇に押しつけて、結果的にそれで政治家を動かしていたら、天皇の政治利用になってしまう。そこの兼ね合いが難しいでしょ。

ルオフ　はい。いまの天皇も、学生時代から水問題の研究を続けていて、皇太子時代にはブラジルで行われた世界水フォーラムで水不足問題について基調講演しました。これもひとつの政策に焦点を当てるという意味では政治的ですね。もちろん、それに抗議する日本人はいないと思いますけど。

「血」を重んじる日本政府

小林　政治的な効果を発揮する天皇の行動が憲法違反なのかどうかの判断は、かなり難しいですよ。だから左翼も右翼もそこを突いてくる。自分にとって都合の悪いことを天皇がやったら「政治利用だ」「憲法違反だ」と言うわけです。水不足の話なんかは、右も左もべつに都合が悪くはないから、文句つけないけどね。

ルオフ　皇室外交も、単に外国を訪問してそこの人々と触れあったり、晩餐会に出席しただけでも、何かしらの政治的効果が生まれます。

小林　そうそう。昭和天皇が一九七一年に欧州各国を歴訪されたときは、第二次大戦中の被害者意識を持つ元軍人たちがデモで出迎えたオランダのような国もあったわけですよ。ところが滞在中の天皇皇后が一般庶民とふれ合う姿を新聞が報道しているうちに、オランダ人は気持ちが癒やされてしまって、帰るころには天皇反対デモなんかなくなって、むしろみんな天皇のファンになっていた。あれはじつに奇跡的なことですよ。まるで神様が静かに通りすぎた後みたいな状態になってしまうわけでしょ。皇室外交にはそれほどの効果がある。だから、心のわだかまりがある外国に対しては、大きな効果があるといえるかもしれない。

ルオフ　しかし最近は、僕としてはあまり支持できない皇室外交もあります。先日、眞子さまが移民一二〇周年を記念してペルーとボリビアを訪問しました。日系人と接触するために、わざわざ行ったわけです。

小林　もう日本語を喋れなくなってる世代だよね。

ルオフ　海外の日系人と接触すること自体は全然問題ではありませんが、政府がそれをあまり強調すると、そこにどんな目的があるのかと考えてしまいますね。やはりこれからの人口減少に備えて、海外の日系人を日本の共同体に入れようとしているのではないか、あるいは宣伝者として利用したいのではないかと疑ってしまいます。その一方で、すでに日本にいて正式に共同体に入りたいと思っている外国人などが皇室のメンバーと接触する機会はありません。

小林　海外の日系人が日本の共同体に戻るのは無理でしょう。そこまで日本政府が考えているものだろうか。

ルオフ　僕には、やっぱり日本政府が「血」を重んじているように見えるんです。たとえば、アメリカで日系人差別がまだひどかった時代に、日系人の子どもが大学に入るための奨学金の基金を作りました。僕の日系人の友達がその会員になったのですが、奨学金を与えるためには、日本人の血がどれぐらい入っていればよいかを決めなければなりません。

最終的には八分の一あればもらえることに決まったそうですが、僕の友達はその議論をしていたとき「ナチのような気持ちになった」と言いました。もちろんナチのように人を殺す話ではありませんが、そうやって血の濃さで分けるのはイヤな気分だったのでしょう。

小林　うん、その気持ちはわかる。

ルオフ　国籍や文化よりも「血」で共同体に入れるかどうかを決めたい日本人は、いまでも多いのではないでしょうか。

小林　たしかに、そうかもしれん。だからこそ、これから外国からの移民が大量に入ってきたときに、国民をどう統合するかは難しい問題になるでしょうね。

性的指向の問題

ルオフ　ところで、多様性の問題は移民のことだけではありませんね。僕が初めて日本に来たのは一九八七年ですが、そのころと比べても日本社会はだいぶ変わりました。たとえば女性は結婚しても仕事を辞めずにキャリアを重視するようになりましたし、障害者のためのバリアフリー化なども進んでいます。ＬＧＢＴＱ（性的少数者）に対する考え方も大きく変わりました。いろいろな面で日本人の生活が多様化しているので、統合するのは簡単ではありません。本当にがんばらないと、うまくいかないと思います。

小林　ＬＧＢＴという概念も、わしは最近になって知りましたからね。前はＬＧＢＴといってたけど、最近はＬＧＢＴＱというの？　ゲイとかレズビアンとかは知ってたけど、それ以外にもいろいろと多様な性があるんでしょ？　よくわからないけど、男でも女でもないような、不思議な性を持つ人がいるじゃないですか。どういう感覚で接すればいいのか、ほんとにわからない。わしがわからないんだから、頭の古い保守派の連中なんか、もっとわかってないと思いますよ。だから「同性愛者は子どもを産まないから生産性がない」とか言っちゃうわけ。

ただ、わしもちょっと心配してることはあるんですよ。立憲民主党が同性婚を認めるという公約を掲げているんだけど、男同士、女同士で結婚して子どもがほしいとなったときにどうするのかというのがわからない。人工授精しかないとなると、これは生命倫理に関わる話になるんですよ。すでにアメリカでは、ひとりの男性の精子から一〇〇人ぐらい子どもが産まれたりしてるじゃないですか。そんなことも考えると、多様な価値観をどこまで認めるのかが難しい。

ルオフ　たしかに、これからもどう考えればいいのかわからない新しい問題がいっぱい出てくるはずですね。でも、たとえばクイーンのフレディ・マーキュリーの人生を描いた『ボヘミアン・ラプソディ』という映画が、日本でもずいぶん流行りました。あの映画には、男性同士の性欲などが自然に出てきます。でもあの映画を見た人はみんな、いろいろな苦労をしたフレディ・マーキュリーに同情や共感をするでしょう。その気持ちにならない人は、ちょっと人間性が欠けていると思われてもしょうがないですね。多様性に対しては、そういう寛容な立場を取らないといけないと思います。もちろん、結婚や出産については小林さんが心配するような問題が出てきますが。

小林　うん、男が男を好きになるとか、女が女を好きになるとか、そういうのは認められるんですよ。問題は、やっぱりそこから先です。たとえば養子を取るなら、認められますよ。交通事故の遺児とかいっぱいいるわけだから、そういう子どもたちを養子として育てるというならわかります。それ以前に、どうしても結婚制度に入らないといけないのかという疑問もありますけどね。フランスみたいに事実婚でもいいような気もするし。どうしてわざわざ国家の制度としての結婚をしたいのか。

ルオフ　そうですね。歴史的に見ると、おそらく結婚制度は子どものためにできたと考えられます。

小林　わしはあまり意識せずに結婚してしまったけど、いまの時代にわしが若かったら、結婚制度には入らなかったんじゃないかと。正式な婚姻届なんか出さずに事実婚で相手をどんどん替えていったほうがいいなと思ってしまうんですよ（笑）。もう手遅れなんだけど、いま二〇代だったら、結婚制度なんか無視するだろうなぁ。そういう意味でも、どうして正式な結婚にこだわるのかがよくわからないのね。

ルオフ　英国のウィリアム王子が、「殿下のお子さんが将来ゲイだとカミングアウトしたらどうしますか」という質問を受けたことがあります。彼はそれに対して、「全然平気で認めますけど、いろいろな差別が残ってるから、ある程度は心配します」と答えました。もしいまの天皇がそのような質問をされたらどう答えるでしょうね？

小林　悠仁さまがゲイだったらどうするかという質問？　日本の記者がそれを聞けるかどうかはわからないけど、それは絶対にあり得ないことじゃないからね。皇室の人だって、どんな性的指向を持っているのかはわからないですよ。もしそうだったら、無理やり女性と結婚させたりしちゃいけません。女性が不幸になります。

ルオフ　そうですね。昔はそういう不幸な結婚がずいぶんありました。

小林　どうしても男が好きだというなら、しょうがないから同性と事実婚してくださいというぐらいの感覚ですね、わしとしては。ほかにやりようがない。ゲイの人に異性を与えるなんて、やったらいかんことだわ。ただしその場合は子孫が続かないことになるから大問題でしょうね。悠仁さまがゲイだとか聞いたら、日本の保守派は全員自殺しちゃうかもしれん。そこだけに自分の希望をかけているんだから、大変なことになってしまうよ、それは。だから、やっぱり女性宮家を認めたりして、広く子孫を残せるようにしておく必要があるんだよ。

ルオフ　多様な価値観に合わせようとすれば、制度も変えなければいけませんね。

小林　社会の常識は時代によって変わっていきますからね。国民の考え方もどんどん変わるんだから、何も変えずにいるほうがおかしいんですよ。伝統を重んじるというのは、何も変えないということではない。伝統は変わるんです。天皇や皇室に関する話は、それを理解できるかどうかがいちばん根本的な問題だと思いますね。

第二章

右も左もロボット天皇論

トランプ大統領と天皇

ルオフ　日本国憲法では、「天皇は、日本国の象徴であり日本国民統合の象徴であって、この地位は、主権の存する日本国民の総意に基く」と書いてあります。その正統性の根拠は国民の支持ですから、国民の考え方が変われば象徴としてのあり方が変わるのは当然のことだと思います。

小林　もちろん、そういうことですね。

ルオフ　右派は別のところに正統性を認めたいでしょうけど。

小林　そもそも国民主権になったことが許せない人たちはいるからね。しかしこれは難しい問題で、天皇制と民主主義は本当は噛み合わないんですよ。

ルオフ　理論的に？

小林　そうです。それは当たり前の話で、天皇は国民の選挙で選んでませんから。これは民主主義と噛み合わないですよね。選挙で選ばれていない天皇が、総理大臣や最高裁長官なんかを任命してるんですから。形式的なものとはいえ、最終的に天皇がＯＫしなければ国家の要職に就けないわけです。国賓として外国の元首を呼んだときも、天皇が会う。これも民主主義の発想ではありません。

しかしトランプ大統領でさえ、天皇に招かれたらしおらしくするわけですよ。天皇の歴史的な正統性や伝統に敬意を感じて、「絶対に失礼があってはならない」という感覚になる。これ、理論的には何の根拠もないですよ。民主主義的に選ばれたトップは安倍首相なんだから、天皇に会う必要はない。ところが、民主主義で選ばれた大統領が天皇の前でかしこまるんです。安倍首相の前ではかしこまらないのに（笑）。

習近平なんか、まだ国家主席になる前から天皇に会いたがってたんですよ。次の国家主席の第一候補として、箔をつけたかったんでしょ。それを日本側も受け入れて、本当なら天皇と会うには一カ月前までに申請するルールがあるのに、それをねじ曲げて会わせちゃった。習近平は来年（二〇二〇年）、国家主席として来日するらしいけど、国賓として呼ぶ以上、天皇に会わせなければならない。向こうはそれを光栄なことと感じる。そこに民主主義的な意味はまったくないんだけど、理論的にはどうにも説明できない権威が天皇にはあるんですね。つまり民主主義の上に天皇が君臨しちゃってるんです。

ルオフ　それは日本だけじゃなくて、ヨーロッパの多くの国は民主主義でありながら王室を持っていますよね。そこに矛盾を感じてはいません。

小林　もちろん、ほかの国もそれはあるんですよ。王様の名残ですから。むしろフランス人なんかは、王様を革命で葬り去ったから、心のどこかで「ヤバかったな」と後ろめたさを抱えてるんです。「イギリスのような王室があったほうが良かった」と思ってるところがあるわけですよ、本当は。アメリカでも、皇族と結婚するかもしれない小室圭さんが留学したら大学に箔がつくと思うから、特別な待遇で入学させて、あらゆる恩恵を与えるわけじゃないですか。アメリカ人の中にも、その権威に対する憧れのようなものがある。人間の中には、そういう不条理なものがまだあるんですよね。

ルオフ　はい、たしかにそれはあります。

権力者の恐怖

小林　だから完全なる民主主義というのはなかなか難しい。逆に、完全なる民主主義を実現してしまったら、そこからヒトラーが出てきてしまうんですよ。みんなが支持して民主的に独裁者を作り上げてしまう。

ルオフ　その心配はありますね。

小林　しかし天皇のいる日本では、独裁制は無理です。たとえば安倍晋三が独裁者になろうとしたら、わしは尊皇派だから天皇につきます。安倍の言うことなんか聞かない。そんな日本人は大勢いますすよ。誰かが独裁をやろうとしても、みんな「天皇のほうが立派だ」と思っちゃうんです。だから日本の天皇制には独裁制を防げるという利点がある。そこが、よその王室とはちょっと違うんじゃないかな。ほかの国がどうかわしはわからないけど、たとえばイギリス人が「エリザベス女王がいるから独裁制を許さない」とは考えないような気がする。

　でも日本の場合、安倍晋三を尊敬してるのは一部のネトウヨ集団だけで、みんな「天皇陛下のほうがいい」と思ってるわけ。天皇陛下こそが国民のためを考えてくれていると思ってるから、もし安倍が独裁制を敷こうとしたら、わしは天皇を担いで戦う仲間をすぐに集め始めますよ。そうなったら、錦の御旗を掲げるこちら側がいまの政権を倒すでしょうね。幕末にやったのもそれじゃないですか。それまで天皇の存在感なんかなかったのに、みんな「そうだ、日本は天皇の国だ」と思い出してしまった。戊辰戦争で掲げた錦の御旗なんて偽物だったのに、それを見た幕府軍は「逆賊になってしまった」と思って戦意喪失しちゃうんだよ。これが天皇が持ってる権威のすごさです。

だから権力者は、天皇を抑え込みたいんですよ。だって、もし天皇制を廃止して、天皇や皇族が民間人になったら、新しい宗教ができちゃいますよ。皇室が京都に帰って、日本が共和制になったとしても、天皇を中心にした宗教集団ができあがって、国の政治がおかしくなればいつでも権力を奪取できるような態勢を整えるでしょう。

ルオフ　たしかに、共和制になってもナショナリズムがなくなるわけではないですからね。天皇制を廃止しても、別のナショナリズムの象徴を作ると思います。

小林　そうなんですよ。権力者はそれが怖いから、憲法の中に天皇を封じ込めないといけない。それだけの威力が皇室にはあるんです。いまの保守派はまったく尊皇心がなくて、とにかく利用しさえすればいいと思ってるから、天皇の権力がどんどん高まるのは恐ろしい。だから、政治的発言をさせたくないんですよ。

ルオフ　以前から「天皇がいるから日本では独裁は不可能だ」という説は聞いていました

が、僕としてはまだそれを信じるかどうか決められません。どちらかというと、信じないほうに傾いています。でも、たしかに明仁上皇は日本でおかしなポピュリズムが広まることに対するブレーキの役割を果たしてきた気がしますね。国のいちばん大事なナショナリズムの象徴が、排斥的なナショナリズムを抑えるために頑張ってきた。その面では、明仁上皇のことを本当に尊敬できます。

小林　ルオフさんのような外国の方はそういう天皇の役割を客観的に観察できるでしょうが、日本人自身はそれが意識の上にのぼらないくらい自然に受け入れているんだとわしは思うんです。人間にはもともとそういう不条理なところがある。合理性だけでは社会が成り立ちません。もし合理性だけを突き詰めていったら、共産制になるでしょ。共産主義は「合理的に考えると、こうやれば完全なる平等ができあがる」という理論だけで作られた設計主義的な世界なんだけど、現実には絶対に実現できないんですね。どうしたって人間の中には抑えきれない欲の部分があるから。それでも無理やり共産主義を実行しようとすると、カンボジアのポル・ポトみたいに「まずインテリ階級を皆殺しにしろ」という話になってしまう。スターリンも二〇〇〇万人ぐらい殺して平等を実現しようとしたわけです。

しかし天皇の場合は、合理性も何もないところで全部を包み込む。身障者もハンセン病患者などの弱者もみんな包み込むんです。むしろ戦略的に、社会のいちばん下のところに潜り込んで行ってますよ。なにしろ世の中は、とにかく強者だけしか見ない状態になってるから。政治家は、大企業を優遇したほうが自分の懐が潤うから得だと考えるわけでしょ。そのおかげで庶民は非正規社員ばかりになってしまった。企業も従業員を守らない。終身雇用制も崩壊だから、それぞれ一人で食っていけという。六五歳までに二〇〇〇万円貯められない奴は野垂れ死にしてもしょうがないという話ですよ。

しかし天皇は常に弱者への目配りを忘れません。あれは不思議なもので、たとえば被災地で天皇が膝をついて「ほんとに頑張ってくださいね」とか言うだけで相手は涙を流して、何だか元気が出てくるんですよ。安倍首相がそれをやってもまったく意味はない。政治家は具体的な政策を実行して助ける方法しかないんです。ところがそれもやろうとしない。「復興なくしてオリンピックはない」とか嘘ばっかりついている。実際はとっくに復興のことは忘れて、オリンピックだけで経済を発展させようとしてますよ。政治家なんてそんなもんです。政治が手当しない人々の心を天皇が慰めているんですから、日本全国にどれだけ天皇の信奉者がいるかわからないですよ。

ルオフ　そういう役割を果たすために、明仁上皇は「象徴」の意味を積極的に定義しましたね。敗戦直後に日本がGHQの憲法草案を見たとき、象徴の役割とは何かということについてなかなか法的に定義ができませんでした。これはとても難しい問題です。

たとえば国旗も国の象徴ですが、そこに積極的な役割はありません。消極的なものです。ところが天皇は人間なので、動きもすれば話しもします。国旗のように、ただ飾ってあればいいというものではないですね。何かしら積極的な役割が生じるはずです。しかし憲法で規定されている国事行為だけでは、天皇の公的な役割が狭すぎる。そこで政府は、天皇に許される行為として、「国事行為とされる一二の行為」「私的行為」に加えて「象徴としての地位における行為」という第三のカテゴリーを用意しました。これがなければ、明仁上皇のような積極的な行動は不可能でしたね。

小林　そもそもGHQが憲法草案を作ったときに考えていた「象徴」の具体例というのは、イギリスの王室だったんですよ。日本の皇室もあのようになればいいと思っていた。そのイギリス王室は、政治的な問題にも口出しをしますよね。

ルオフ　はい、完全にします。

小林　エリザベス女王なんかも、政府の政策とは全然違うことを新聞のインタビューで喋ったりしていています。それに、毎週火曜日に首相が女王にいろいろな説明をするオーディエンスというのがある。日本の「内奏」は閣僚の話を天皇が「ああ、そうですか」と聞くだけだけど、エリザベス女王は自分の意見も口にして、首相と議論をやるんですよ。さっきも言ったけど、天皇もそういうことをやればいいと思うんだよね。

ルオフ　日本の天皇もけっこう意見を言いますよ。

小林　戦前からやっていた昭和天皇はそうだったかもしれないけど、果たして戦後憲法下で即位した明仁上皇がどこまで意見を言ったかわからないですよ。かなり控えていたんじゃないかな。しかも日本の内奏は毎週じゃないから。イギリスはそれだけ頻繁にやってるわけですよ。

ルオフ　イギリス王室でいちばん政治に介入するのは、チャールズ皇太子です。彼はすごいですね。いろいろな面で口を出しています。

小林　へえ、そうなんや。日本の皇族も、ＧＨＱが描いた象徴のイメージはイギリス王室なんだから、本当はそれをやっても良かったはずなんですよ。ルオフさんは、戦前の例があるからそれは問題点があると思うかもしれないけど、わしはイギリス王室のように首相と天皇が議論したほうがいいと思ってるんです。なぜかというと、政治家のほうがバカだから（笑）。天皇のほうが頭がいいと思ってるの。

ロボット天皇論

ルオフ　僕は、日本国憲法の第一章の作成に参加したGHQの人にインタビューしたことがあります。リチャード・ポールという人物です。たしかに彼も、天皇が故郷でのんびり暮らすことは全然期待していませんでした。やはり、ある程度は積極的な役割を想像していましたね。

小林　そうでしょ？　GHQはそれぐらいの感覚だったんです。しかしそうならなかったのは、日本側に問題があったんですよ。宮澤俊義《としよし》と芦部信喜《あしべのぶよし》という憲法学者がいて……。

ルオフ　ロボット天皇論ですか？

小林　そうそう、それが元凶なんですよ。これがもう、読んでみるとすごいんですよ。

「(天皇は)めくら判をおすだけのロボット的存在」と主張してるんですから。いまは差別的だとして使われない言葉も入ってるけど、これは学説として書かれてるものですから。

ルオフ　その学説を理解するためには、文脈がすごく大事ですね。戦前は明治憲法の下《もと》で天皇のご意思によって政治が動かされていました。宮澤先生のような人たちは、戦前と戦後の連続性じゃなくて断絶性を強調したかったのです。

小林　戦後日本は戦前の大日本帝国とは違うと言いたいのはわかるけど、あまりにもその反動が強すぎるわけですよ。そこで彼らが天皇を完全に意思のないロボットにしてしまおうと考えたものだから、いまの憲法学者もみんなそれを引き継いでロボット天皇論になってしまっているの。

ルオフ　第三のカテゴリーを認めないのは、厳しい解釈ですね。

小林　だから、天皇がいままでやってきた象徴としての行為はすべて憲法違反だと言い始めるわけですよ。

ルオフ　そういう学者が多いですね。

小林　しかも、宮澤俊義や芦部信喜の学説を受け継ぐ学者たちは基本的に左派なんだけど、いまは右派もロボット天皇論なんです。慰霊の旅や被災地訪問まで憲法違反と言う者もいたし、なんと退位を望むビデオメッセージまで憲法違反と言っていた。「公的行為」や「象徴としての行為」なんかやるべきじゃない。天皇は祭祀だけやっていればいいんだと言っているんです。天皇の自由意思を絶対に認めたくない。天皇は人権のないロボットでいい。右も左もそう言ってるんだから、異常な世界ですよ。だから天皇は「退位したい」とも言わせてもらえない。結局、明仁上皇の退位は認められたけど、あのビデオメッセージが出された直後は右派が「死ぬまでやれ」と主張してましたからね。ほんとに人権無視のロボットそのものですよ。

ルオフ　保守系の人たちがそれを言うのはよくわからないですね。彼らはいつも伝統の大切さを強調します。でも歴史を遡《さかのぼ》ると、実在していたと思われる天皇の六割ぐらいは生前退位しました。それなのにいまの天皇の退位を認めようとしないのは、論理があまり通じないですね。

小林　そうなんです。自らの意思で退位するのは憲法違反だと右も左も言ってるわけですよ。それこそルオフさんの『国民の天皇』で解説を書いてる原武史氏もそう主張したんですよ。天皇が退位をしたいと言ったことで政治家が動いたら、これは憲法違反だと。つまり天皇の意思を認めたら戦前に戻ってしまうから危険だというのが左翼の言い分です。

一方、右翼は戦前に戻ることを警戒してはいないんです。天皇の意思を認めたら、その権威が強くなりすぎて政治利用できなくなるから困るんですね。自分たちの意のままに操るために、天皇を封じ込めておきたい。左翼とは目的が違うんだけど、ロボット天皇論では一致しちゃうんです。だからいまは、右からも左からも、天皇の象徴としての行為は憲法違反だと言われる。

上皇陛下は、そういうロボット天皇論と戦ってきたとわしは思います。憲法の中でロボットとして位置づけられてしまった自分の境遇を変えたい。自分の意思でこの日本社会を良くしたい。そのために頑張ってきたんですよ。

ルオフ　その点はほとんど賛成ですね。明仁上皇は皇太子時代に記者会見でこんな発言をしています。「立場上、ある意味ではロボットになることも必要だが、それだけであってはいけない」。やはり昔からロボット天皇論に疑問を抱いていたのでしょう。

小林　そうそう。だから意識的にそこと戦ってきたんだと思う。天皇自身がそれを何とかして踏み越えようとしてきたんですよ。

ルオフ　もし象徴としての公的行為を認めないなら、天皇制は廃止したほうがいいんじゃないでしょうか。それができないのでは、天皇には人生の中でもうすることが何もありません。退屈すぎます。

小林　なるほど、退屈か（笑）。

ルオフ　人間なのにロボットとして生きるのは、可哀想です。天皇という地位にいれば、生きているあいだに世の中を改善したいと思わないわけがありません。でも、ロボットでは何もできない。

小林　それはもう、失礼きわまりないですよ。その人権の無視の仕方は。

ルオフ　本当にそう思います。

第四章

天皇が韓国に行ったならば

日本を分断させた左翼

ルオフ　女系天皇を否定したり、天皇の自由意思による退位を認めようとしなかったりする日本の右派は、アメリカで言う「怒れる白人男性」と似ている気がします。

小林　トランプを支持してるような連中のことですか？

ルオフ　そうですね。昔はアメリカでも、人種やジェンダーによって生き方が決まってしまう面がありました。だから白人男性は有利だったわけですが、いまは能力次第でいろいろな生き方ができます。まさに多様な世の中になってきたのですが、そういう時代の変化を受け入れられない白人男性が怒っている。多様性に対して寛容になれないという点では日本の右派にも似たようなところがありますね。

小林　もともとアメリカにはキリスト教原理主義者がけっこういますよね。男系絶対主義者はそれとすごく似てるんですよ。聖書では、神が自分の姿に似せてアダムをつくり、その肋骨からイヴをつくったというわけでしょ。これは男尊女卑だし、それ以前に現実にはあり得ない話です。それを史実として丸ごと信じているんだから、神武天皇を史実としてありがたがる男系派と同じですよ。

ルオフ　なるほど。僕が以前から取材したいと思っているのは、それぞれの右派同士の議論です。もし日本の右派がアメリカの右派と話したら、「自分たちの日本がいちばん素晴らしい」と強調するでしょう。するとアメリカの右派は「いやアメリカのほうが素晴らしい国だ」と主張しますね。お互いに相手の言うことは聞かずに、自国の素晴らしさばかり語ります。右派の人たちは、もっと国際的な視野を持って、普遍的な考え方をしたほうがいいと思いますね。

小林　たとえばサウジアラビアみたいな国で砂漠に月がポッカリ浮かんでいたら、それを見て育ったアラブ人たちはそこに美を感じるわけですよ。しかし日本人はまったく違う豊かな自然を見て育ってるから、四季折々に表情を変える富士山の姿を美しいと感じたりするのね。それはいいんだけど、たとえば学校で「愛国心を育てなければいけない」という変な教育方針が出てきたときに、先生が砂漠と富士山の写真を並べて子どもに「どちらが美しいですか」と聞いたりすると、おかしな話になってくる。子どもはそちらが「正解」だとわかるから、「富士山のほうがきれい」と答えるでしょう。先生はそれで「日本人の誇りを学ばせることができた」と思うかもしれないけど、国によって何を美しいと感じるかは違うんだから、そんなものを比較すること自体がおかしい。

ルオフ　そのとおりですね。

小林　だけど問題なのは、戦後は左翼が日本を貶めることをあまりにも言い過ぎたんです。「日本はダメな国だったから戦争に負けた」とか「ものすごく残忍な国民性だった」とか、そんな話ばかり聞かされたせいで、日本人が自分の祖父や祖母を尊敬しなくなっちゃったわけですね。自分のおじいさんは野蛮人で、おばあさんはそれに追従しただけの人間だと思い込んでしまった。そのせいで世代間の分断が起きてしまったので、おじいさんやおばあさんに戦争中のことを質問してもいけないような状態になってしまったんです。

だからわしが『戦争論』（幻冬舎）を描いたら、若者たちが衝撃を受けたんですよ。「自分の祖父の世代はこんな思いで戦争に行ったのか」と初めて知って、感動したわけです。「これを読んで初めて祖父と戦争の話をしました」という若者もたくさんいました。おじいさん世代からも、「自分たちの当時の気持ちを代弁してくれる人が、こんな若い世代から出てきて嬉しい」といった感謝の手紙が殺到しましたね。

ルオフ　なるほど。それは歴史教育の目的と関連しますね。アメリカでも、まったく同じ議論があります。もちろん僕も、自分の国が嫌いな子どもたちを育てたくはありません。でも、まるでアメリカが一度も間違いを犯したことがないかのような歴史教育にも反対です。国の良いところを理解しながら、歴史の中でどういう間違いをしたかも認識している子どもたちを育てたいですね。ですから、もちろん「国民性が悪かったから戦争で負けた」という意見には賛成できません。

小林　わしの『戦争論』が出るまで、日本では教育もメディアもみんな「昔の日本人は悪かった」という方向に持っていかれてたんですよ。いまはそれが逆転して、多くの一般国民が「日本はじつは素晴らしい国なんだ」と言ってくれる百田尚樹みたいな人間の言葉に喜びを感じるようになっちゃった。百田なんて、わしが昔やってたことの真似をしてるだけなんだけど（笑）、まだそれで商売になってしまう状態なんですよ。反動でさらに流れすぎてしまって、バランスが取れない。そうなったのは、もとを正せば左翼が日本人を分断させたからです。

韓国、中国の反日感情

ルオフ　しかし、いちばん国を愛しているのは、自国の歴史をきちんと分析して間違いを認め、その歴史から教訓を得て国をもっと良くする人々ですよね。

小林　もちろん、そうです。そうなんですけど、日本の場合、そこに中国と韓国がいるわけですよ。これがもう大変なんです。日本が何べん謝罪したって無理なんですよ。もう、延々と非難し続けるわけですよね。それで日本人もさすがにうんざりしてきて、その反動も出て来ちゃうんです。

ルオフ　それについては、僕の考え方もだんだん変わってきました。以前は日本が韓国や中国に謝罪したほうがいいという立場を取っていたんです。でも、いくら謝罪しても両国とも反日感情が全然なくならない。なぜかというと、自分たちの国民を統一するために反日感情を利用しているからですね。だから日本と韓国の関係は、バドミントンのようになりました（笑）。日本が謝罪すると韓国は「十分ではない」と打ち返し、また日本が謝罪すると「まだ足りない」と打ち返す。

小林　ほんとにキリがないんですよ。いちばん拙かったのは、日本が戦争という手段ではないが、圧力をかけて韓国を併合してしまったことです。これが韓国の国民の誇りを傷つけてしまった。日本としては、韓国に独立した国家になってほしかったんですよ。でも、それがどうしてもできないので、結局は韓国併合をやってしまった。

ルオフ　まあ、それは戦争の定義によりますね。当時の国際法による戦争だったかどうかはわかりませんが、併合した後に抵抗はありました。

小林　うん、たしかに抵抗はあったけれども、韓国だって国家としては併合に賛成してしまったんですよ。一進会という最大勢力が、日韓の対等「合邦」により、「新たに一大帝国を造る」ことを目指した。そこに大問題がある。だからいまも韓国では、親日的だった人間を罰する法律まで作ってるでしょ。併合に抵抗した勢力は少数派だったんだけど、いまは「反日」に自分たちの正当性を見出さないとやっていけないわけです。それは、たとえばフランスのヴィシー政権と同じような話なんですけどね。フランス国内ではヒトラーに協力して、小さな温泉街に逃げていっただけじゃないかと。ユダヤ人迫害もしていた歴史があるし。

ルオフ　たしかにどの国でも、わざと忘れられている歴史がありますね。

小林　歴史的な恥を認めることができないわけですよ。認めるのは屈辱的だから、反日じゃないと国家が成立しない。もし親日になってしまったら、また「併合されて日本人になってしまおう」というだらしない国民が出てくるかもしれないじゃないですか。それが怖いから、反日が国家のアイデンティティになってしまった。

ルオフ　僕は、韓国の歴史博物館がどういう歴史を伝えているかに関し、批判的な論文を書いたことがあります。それはもう、すごくナショナリスティックな伝え方ですね。

小林　それ以外にやりようがないんですよ。しかも世代が移っていくたびに、反日感情は強まるんです。日韓併合時代を知っている第一世代の中には、「日本の統治が良かった」と言う人だっていたんですよ。ところが第二世代、第三世代になると、屈辱的な歴史としてしか教えていないから、昔よりも反日になってしまったんです。

ルオフ　しかしそれでも、日本は韓国でした悪いことを冷静に認めたほうがいいというのが、僕の基本的な立場です。何のためかというと、自分たちのために。日本人の将来のために、相手の反日感情が直らなくても、自分たちが悪かったことを認めたほうがいいですね。日本だけではありません。アメリカも、戦争の終わりにわざわざ多くの民間人を殺したことを正式に認めたほうがいいです。日本人にとっては不思議でしょうが、九〇パーセントのアメリカ人は、自分の国が多くの日本の一般市民を殺したことを知らないんですね。

小林　そこは教えないわけだ。

ルオフ　アメリカの学生たちの多くは、空襲のことを初めて聞くとビックリします。原爆も、軍事基地に落としたのだと思っている人が多い。ですから、あれが全然きれいな戦争ではなかったことを理解するため、アメリカも正式に認めなければいけません。

小林　さらに言えば、イギリスから渡ってきたピューリタンがインディアンを殺しまくったところからアメリカは始まってますからね。

ルオフ　それも認めたほうがいいですね。

小林　それで国家をつくったわけだから、認めたら根底から崩壊しちゃいますよ。トランプが黒人の女性議員に「自分の国に帰れ」と言ったけど、それを言い始めたら、白人もみんな出て行けという話になってしまう（笑）。

ルオフ　そうですね。そういう話になってしまう可能性もありますけど、いちばん大事なのは、そこから教訓を得て、将来を良くすることです。外から見ると、日韓関係が上手くいっていないのは本当に残念。両国とも民主主義的な国だから、いろいろな価値観が重なっているはずなのに、友好的な関係ではなくなっています。

国家の体をなしていない

小林　韓国の場合、日本と韓国の政府が話し合って「これだけの賠償をします」と国際条約を結び、あとは国民の代表である政府がやってくださいという話になっているのに、政府がやらないいんですよ。国民から反対の声が出てくるのを恐れている。要するにポピュリズムなんですね。それで政府が日本との条約を履行しないばかりか、慰安婦像を大使館の前に置いたまま放っておく。これ、国際法違反ですよ。

ルオフ　あれは間違いでしたね。条約を無視する韓国が信頼されなくなるのもわかります。しかし条約を無視するのは韓国だけではありません。日本はサンフランシスコ講和条約に調印しましたが、その一一条では日本が東京裁判の判決を受け入れることになっています。しかし靖国神社はA級戦犯を合祀しました。靖国神社は政府の機関ではありませんが、昭和天皇が靖国参拝をやめたのは、条約の大切さを理解したからでしょう。サンフランシスコ講和条約を調印した以上、好きかどうかは別にして、東京裁判の判決を認めなければなりません。A級戦犯を合祀した靖国に天皇が参拝すると、天皇もサンフランシスコ講和条約を無視してるように見えてしまうからやめたわけです。

小林　いや、そこをリンクさせるのはおかしいんですよ。まず、国際条約は守らないといけません。だから韓国政府が国民の反対を恐れて日韓基本条約を履行しないのは良くない。それはいいですよね。

ルオフ　はい、もちろんそれは賛成です。

小林　じゃあ、サンフランシスコ講和条約の話をしましょう。そこにはまず、東京裁判が国際法上許される裁判でしたか？　という問題がありますね。

ルオフ　はい、いろいろと複雑な問題があります。

小林　たとえば東京裁判の中で唯一国際法の専門家だったパール判事は東京裁判はおかしいとして、日本無罪論を書いて出しました。戦争の勝者が敗者を罰するのが果たして国際法的に正しいのかどうかは、ちゃんと考えなければいけません。アメリカはイラクを勝手に裁いて、フセインを縛り首にしました。次はイランをやるんですかという話ですよ。

ルオフ　それは僕も心配してます。

小林　戦争の勝者が敗者を裁くのは野蛮じゃないですか。

ルオフ　野蛮かどうかわからないけど、たしかにそれは問題があります。

小林　わしは日本に有利な解釈がしたいわけではなく、国際法の進歩を願っているんですよ。そこは日本の保守派とわしが根本的に違うところです。国際法が退化したらダメ。国際法が進歩して広がる以外に世界が平和になる手段はないんです。いまはまだ国際法が十分に進歩していないから、とにかく強い者が覇権を握れば好き勝手なことができてしまう。中国もロシアも覇権主義です。だからクリミア半島も、国際法無視で踏みにじった。

ルオフ　国際法を広めるためには、条約が無視されないほうがいいですね。日本はサンフランシスコ講和条約に調印しました。

小林　それはちゃんと履行してるわけですよ。

ルオフ　政府はそうですね。でも靖国神社は無視して、A級戦犯を合祀しました。民間施設ですから無視する権利はありますね。でも天皇は国家の象徴ですから、靖国神社がサンフランシスコ講和条約第一一条を無視したときから参拝できなくなりましたね。最後に天皇が参拝したのは一九七五年です。

小林　天皇は参拝できないでしょう。保守派は天皇が参拝するべきだと言うけど、まずそれは無理だとわしは思ってます。どうやったって中国と韓国が騒ぐから不可能。

ルオフ　そこは難しいですね。僕は慰安婦に関する日韓合意を読んだことがあります。そこで目立つのは、日本側が「これが最後」というような文章を入れていること。それを無視されると、ほんとに疲れるでしょう。それはわかります。これが最後だと言ってるのに、何度も同じことを繰り返すのですから。

小林　慰安婦の人たちは補償金をもらいたいんです。ところが慰安婦問題でとことん日本を追及したいプロ市民団体が、お金を受け取らないよう慰安婦たちに圧力をかけている。これじゃあ、もうやりようがないじゃないですか。韓国政府がそういう反日団体の顔色を窺ってるから、慰安婦像があちこちに建てられまくって、もう手が着けられない状態ですよ。国家の体を成していないんです。

ルオフ　でも、韓国側の反応がどんなに困ったものであっても、日本人は冷静に植民地時代にした悪いことを認めたほうがいいです。

小林　それ、どうすればいいの？

ルオフ　よく研究して、冷静に歴史を書いて。

なぜ日本は英雄の道を選べなかったのか

小林　冷静に歴史を振り返るなら、いちばん最初に明治政府の西郷隆盛が「自分がちゃんと礼を尽くして一人で韓国に行く」と言って、国を開いて近代国家になってくれと頼みに行こうとしたんですよ。天皇の裁可もいったんもらいました。万が一、自分が行って殺されたら、戦争でも何でもすればいい。でも自分は説得できる、という自信があった。ところがそれを大久保利通が邪魔して、天皇の裁可を取り消させたんですね。ところが、「いまは戦争になったら大変なことになる」と言って西郷を妨害したくせに、江華島事件を起こした。アメリカが日本にやったのと同じ砲艦外交をやったんです。それがすべての間違いの始まりだったと思いますよ。

ルオフ　そのとおりだと思いますね。

小林　ただ韓国のほうも、いくら日本が謝罪してもおそらくダメだろうと思ってしまう。むしろ、国民が完全に納得するレベルで徹底的に謝罪されたら困るんじゃないだろうか。国家のアイデンティティがなくなってしまうんだから（笑）。

ルオフ　でも、冷静に悪いことを認めるのと謝罪は同じではないですね。謝罪をしなくても、その歴史から教訓を得ることができればお互いにとって良いでしょう。

小林　いや、冷静に教訓を得ようとすることで問題が出てくるんですよ。当時は帝国主義の時代だったから、日本が韓国を併合したことに反対する国はなかった。植民地を持つことが否定されない時代だったんです。

ルオフ　もちろん、歴史を学ぶときにはそういう文脈が何より大事です。たしかに、日本の韓国併合にはアメリカも賛成しました。アメリカは一九〇五年のタフト・桂協定によって、日本による韓国の植民地化を認めた一方で、日本はアメリカによるフィリピンの植民地化を認めたのです。

小林　だから冷静に振り返れば、国際法的には合法だったという話になってしまうわけですよ。現在は認められないけど、そのときは弱肉強食の時代だった。

ルオフ　ただ当時の日本について、僕にはひとつ残念なことがあります。日本は日露戦争で勝ったときに、国際的な人種差別制度を支えていた「柱」を一本壊しました。黄色人種が白人に戦争で勝ったことで、近代化できるかどうかは人種とはまったく関係がないことを証明したんです。人種に関するいろいろな神話に根拠がないことを証明した上で、さらに帝国主義の道を歩まなければ、歴史の中で英雄のような存在になれたはずです。

小林　なるほど。

ルオフ　もちろん当時の文脈を考えれば、なぜ日本がその英雄的な道を選べなかったことは理解できます。あのときの世界は、植民地を持たないとその国の近代性を証明できないような雰囲気でした。

小林　そうそう、植民地を持たないと一流国家ではないと見なされた時代だからね。

ルオフ　でも、そういう難しい文脈の中でも、違う道を選ぶことは可能でした。

小林　それはわかりますよ。わしが尊敬する西郷隆盛も、道義を重要視する人でした。これは福沢諭吉も書いてたかもしれないけど、「文明国というのはどこが文明なんだ。帝国主義を振りかざすのは野蛮じゃないか」といったことを書いてたわけですよね。よその国を侵略して植民地にするのは、道義が通らない。それは昔もいまも同じことでしょう。だからわしは、アメリカのイラク戦争に日本が加担することに大反対したんですよ。日本は属国のポチだから国連でも「アメリカに賛成しよう」と言い回っていたけど、わしは「イラクに大量破壊兵器なんかないから、こんな戦争は道義が通らない」と主張して、親米保守派からさんざん叩かれた。でも結局はわしの言ったとおりでしたよ。

しかし現在でも、そういう道義はなかなか通らない。力さえあれば何をしてもいいと考える人間ばかりでしょう。国際法が大きく変わったいまの時代でも力の論理を乗り越えられないんだから、あの帝国主義の時代に日本がそれだけの道義を通すのは至難の業ですよ。政府がどえらい人格者ばかりで占められていれば別だけど。

ルオフ　難しかったのはわかります。なぜ日本が帝国主義の道を選んだかは理解できます。が、それでも別の道は不可能ではなかったですね。

小林　いやぁ、あの時代は無理だわ。絶対無理。だって、まずアメリカの砲艦外交で日本は不平等条約を結ばされたんですよ。その不平等条約をどうやって解消するかと考えたら、近代化を進めて白人の国家と同等になる以外に道はない。臥薪嘗胆《がしんしょうたん》で近代化を進めて、欧米列強との不平等条約を解消しようと考えたわけですよ。日本だけが聖人君子になれないんですよ。わしはいま聖人君子のように道義を説いてますけどね（笑）。みんながそう考えられるなら、わしがそんなことをする必要もないわけで。

ルオフ　いまも国際的なルールが守られていないのはたしかです。アメリカは、自分のやりたいことを国連が支持すると国連を通してやりますが、支持しないと国連を無視して自分がやりたいことをやりますね（笑）。

小林　そうですよ、国連がイラク戦争はダメだと言ったって、結局は単独主義だから勝手にやりたいことをやるんです。

ルオフ　僕はそういう政策を支持しないです。

小林　そりゃあ、アメリカにもルオフさんみたいな善意の人はいるだろうけど、結局は無視されてる。わしが日本で無視されるのと同じです。

言論の自由を抹殺

ルオフ　僕が韓国の歴史博物館に関する論文を書いた理由のひとつは、いつも日本の歴史観を批判している韓国の歴史博物館はどういうふうに国の歴史を伝えているのかを知りたかったからです。調べてみると、やはりずいぶん変な歴史を伝えてる博物館もありますね。日本を強く批判する超ナショナリスティックな展示が並んでいます。その論文は日本語でも出ていますが、それを読んだある日本人は「これは日本人には書けない」と言いました。韓国の歴史観を批判すると右派だと思われるので、書きにくいそうです。

小林　博物館だけではなく、テレビでも延々と反日感情を国民に植えつけてるわけですからね。中国も同じ。どうにもならないですよ、これは。

ルオフ　僕から見ると、中国は韓国よりも問題が複雑ですね。なぜかというと、民主主義的な国ではない。いわばプレーフィールドが等しくないんです。

小林　プレーフィールド？　ああ、日本語で言う「土俵が違う」というやつか。

ルオフ　ひとつ具体的な例を挙げると、僕はもう中国のマスコミのインタビューを受けないことにしています。なぜかというと、公平にやらないからです。僕がインタビューに対して「たしかに日本は戦争中に多くの中国人を殺したが、じつは二〇世紀にいちばんたくさん中国人を殺したのは中国共産党だ」と答えたとしますよね。しかしそれが報道されるときには、共産党に関する批判は取り上げずに、「アメリカの学者が日本を批判する」というタイトルをつけるんです。民主主義的な国では、こういうことはあり得ないでしょう。すべて共産党が自分たちのやってきたことを正当化するために利用するんです。ですから反日感情もなくなりませんね。

小林 日本の悩みはそこなんですよ。すぐ隣に中国と韓国に加えて北朝鮮がある。しかも北にはロシアがあるんですからね。まったくもって困った場所に日本列島はあるんです。これは大変ですよ。ある意味、イスラエルと似た立場。まわりをアラブ諸国に囲まれて、みんなイスラエルを地中海かどっかに蹴っ飛ばそうとしてるわけで。

ルオフ でも僕の印象では、韓国、中国、北朝鮮、ロシアの四カ国以外は、アジアはみんな親日的です。ベトナムもタイもインドもそう。ですから、その親日国との関係をもっと深めて、まだ反日的なのは少数の国だけだということを世界に向けて強調するのがひとつの戦略だと思います。タイやベトナムは親日的なのに、中国や韓国がいまだに反日的なのは世界から見たらちょっとおかしなことですから。

小林 まあ、そうなんですけどね。いまは日本国内でもナショナリズムが高まっていて、わしは行き過ぎていると思うんだけど、中国と韓国の存在を考えると、完全には否定できないんですよ。やっぱり危ないから。言論の自由が失われる危険があるから香港デモも起きたわけだけど、もう遅いんですよ。ああいうデモで中国政府が負けるとなったら、あちこちで民衆が蜂起してしまうから、何としても抑えつけなければならない。だから一〇年後にはデモはなくなるでしょう。それぐらいやりますよ、中国共産党は。

ルオフ　はい、そう思いますね。

小林　中国共産党というのは自由を認めないんだけど、その一方で拡張主義もある。次に問題になるのは台湾ですよ。台湾は、すでに司法も教育もマスコミも中国に抑えられている状態ですからね。わしの『台湾論』は台湾で大ベストセラーになって、大問題になりました。わしがブラックリストに載せられて入国禁止になったのは、共産党に追われて、台湾に逃げてきた蒋介石の国民党が台湾人を虐殺したことを描いちゃったからです。これは学校で教えていない知られざる真実だった。それを台湾の若者が知ってしまったんですね。これは国民党にとってまずいから、わしの本を焚書にして、立法府でも「なんでこんな本を支援したんだ」と駐日大使に当たる人が吊るし上げられたりしたんです。

その本は香港でも北京語に翻訳されたから、中国でもわしはブラックリストに入ってるという説があります。台湾は民進党の陳水扁（元総統）がわしのブラックリストを解いたから入国できるようになったけど、中国は危ないですよ。わしが行ったら捕まるかもしれない（笑）。そういう国なんですよ。

ルオフ　そこは中国と韓国との違いですね。韓国は民主主義的な国ですから、自国の悪いところを指摘する学者もいます。たとえばベトナム戦争のときに、韓国軍はかつての日本軍と同じような悪いことをしました。それを韓国の学者はちゃんと言いますね。しかし中国では、小林さんがおっしゃるとおり、「日本は中国人を殺したが共産党はもっと殺した」と言える学者はいません。

小林　そうやって言論の自由を抹殺するような国が日本の隣にあるというのは、ものすごい脅威ですよ。アメリカが羨ましい。中国から遠く離れていて、日本を不沈空母にしてしまえるわけでしょ。ここは防波堤ですよ。こっちは、ほんとに危ない。尖閣諸島なんかも常に狙われてる状態ですからね。それに対する警戒心が、日本人のナショナリズムを支えてしまうわけですよ。だから、そのナショナリズムを否定して「全員で中国と韓国に謝罪しろ」と言ったら、かなり危険です。わしは過激なナショナリストが好きではないけれど、それが消滅してしまうのも危ない。いざというときに国をどうやって中国の手から守るのかという問題がありますからね。

ギリギリの発言

ルオフ　天皇の話に戻りますが、九〇年代の文脈を振り返ると、明仁上皇が九二年に中国に行って謝罪したのは良いことだと思いました。残念ながら、謝罪したのに反日感情はおさまりませんでしたが、一度やってみたのは必ずしも失敗ではなかったと思いますね。

小林　効果はなかったし、天皇がどういう形で謝罪したのかという問題もあります。国家の代表として政治的な態度を表明するのは基本的に禁じられてるわけですから。

ルオフ　たしかに憲法上の難しさはありました。

小林　国民が許さないと話にならないわけで、政府の意向と反対のことをやってはダメなんです。しかし日中間の問題は、毛沢東の時代に交渉が始まった日中平和友好条約を結んだ時点で解決してるわけですよ。毛沢東も「もう過去のことは言わない」と明言して、\[手打ちが行われた。

ルオフ　そのときの歴史の見方は、いまの中国の指導者とかなり違いましたね。

小林　そこが困るんですよ。コロコロ変わるから（笑）。

ルオフ　あの謝罪で興味深いのは、「わが国が中国国民に対し多大の苦難を与えた不幸な一時期がありました」と、中国の「政府」ではなく「国民」を対象にしているところです。それを「私の深く悲しみとするところ」と述べました。

小林　精一杯の言い方ですよ。あれを果たして謝罪と呼べるかどうかは、日本にとっても中国にとっても難しい。明らかに謝罪と言えるところまで天皇が踏み込めるわけがないですから。「かつて日本は中国を侵略し、民間人を含めて多大な犠牲を強いてしまいました。私は日本国民の代表としてそのことを中国人に謝罪いたします。どうも申し訳ありませんでした」なんて発言したら、大変なことになりますよ。完全に憲法を逸脱したことになってしまう。そうならないギリギリの許容範囲を考えて言ったのが、あの発言でしょう。

ルオフ　難しいところですね。でも一度やってみたことは僕は評価します。

小林　もし韓国に行ったとしても、天皇はよく考え抜かれた言葉を言われるだろうと思いますよ。でも、訪中に大反対した保守派は訪韓にはもっと強硬に反対するでしょう。韓国は天皇のことを「日王」と呼びますからね。いまだに日本が中国に服属していたときの名称で呼びたがる。日本が「天皇」と名乗ったこと自体が悔しいんですよ。韓国は日清戦争で日本が勝利し、清が宗主国としての地位を失うまで、中国から王の名前をつけられてましたから。自分たちは完全な服属のままだったのに、日本は自立しちゃった。だから「天皇」なんて呼んでたまるかと思ってるわけ。そういうコンプレックスの塊なんですよ、韓国は。

そのコンプレックスを言葉で癒やすのは難しい。しかもそのコンプレックスが同時に自分たちのアイデンティティになっていますからね。もし天皇が「韓国を併合したのは本当に悪いことでした。申し訳ありませんでした」と頭を下げたら、韓国人が「わかりました、すべて許して水に流します」と言うかどうか。わしは、言わないと思うんだよ。

ルオフ　謝罪政治が、残念ながら中国や韓国に効かないことには同意します。

小林　日韓基本条約（一九六五年）の締結時には慰安婦の問題なんかまったく出てこなかったんですよ。洗いざらい調べても何も出てこなかったのに、後から慰安婦の問題で謝罪しろ、お金を出せという話になった。で、こんどは徴用工の話でしょ。信じられないほどムチャクチャですよ。いくら何でも度が過ぎている。交通事故の被害者に賠償金を払って問題が片づいたと思ったら、後になって「当時は気づかなかったけど、膝のあたりが痛いからあらためてお金を払え」と言われて賠償金を払い、しばらくしたらまた「右足首が痛いぞ」と言われるようでは、もう示談が成立しないじゃないですか。キリがない。だから日本人も腹が立って「もう韓国とはつき合わなくていい」「断交しろ」とか言い始めてしまう。

ルオフ　そうですね。しかし日本としては、とにかく証拠があることについては悪いことをしたと認めていくしかないように思います。

小林　でも日本政府は基本的に認めちゃってるでしょ、河野談話で。

ルオフ　それでも反日感情がおさまらないなら、別の道を考えなければなりませんね。

小林　日本が最大限、韓国に対して懐深く何かやるとしたら、「どうぞわれわれの大使館の前に慰安婦像を置いてください。いっそ一〇〇体ぐらい置いたらいかがでしょうかね。あ、徴用工ですか？　あれはまずかったですね。はいはい、お支払いします」と相手の要求を丸呑みするしかない。

ルオフ　一度、政府の要人ともつながりのある偉い韓国人と食事をしたとき、僕は彼らに「日本を許すために何が必要か」と質問しました。「もし韓国がA、B、Cをやらなければならないと日本に要求して、日本が誠実にA、B、Cをやったら、本当に許しますか？」と。ある人は、「そうなると韓国人が大好きな日本バッシングの道具がなくなってしまう」と答えました。

小林　そうでしょ？　結局、それがないと国民が統合できないんですよ。反日がなくなったら国民がバラバラになってしまうんですよ。

日本の教科書の階級闘争史観

ルオフ　ところで、中国と韓国とのあいだでは日本の歴史教科書をめぐる問題もありました。小林さんは「新しい歴史教科書をつくる会」の運動もされていましたが、日本の歴史教科書でいちばん賛成できないところは何ですか。

小林　階級闘争史観に基づく記述になっていることですよ。マルクス主義は階級闘争史観じゃないですか。最初にまず麗しい共同体があったんだけど、その中から権力者が現れて特権階級が作られ、弱者が犠牲になって常に搾取されていた。やがて搾取されていた弱者が革命を起こして、王権が引っ繰り返るというのが階級闘争史観。

ルオフ　それが日本の教科書に入っている？

小林　入ってます。左翼が作っちゃってるから。しかし日本には西洋の階級闘争史観が当てはまらないんですよ。西洋では王権が権力と権威を持っていて、たしかに一般庶民を搾取していました。だからブルジョワ革命（市民革命）が起きて、ひっくり返ってしまった。その先には労働者による共産党革命があって、そこで平等な社会が実現するはずだ、というのがマルクス主義の階級闘争史観ですよね。

ルオフ　はい、そうです。

小林　日本史の教科書もこの論理で書かれてるから、まず原始時代に共産主義の世界があったというんだけど、これは嘘なんです。原始社会においても上と下の階級があったし、奴隷もいた。これがまず違う。さらに日本の教科書では、ヨーロッパの王家にあたる天皇や武家政権が常に庶民を搾取していたという史観になっています。だから明治のときに革命が起きて江戸幕府という当時の特権階級が崩壊した、という話になるんですよ。それがいまの日本の教科書の階級闘争史観。

ルオフ　いまだにその考えに基づいているのは、すごいですね。二〇世紀のいちばん目立つ教訓は、革命的社会主義は大失敗だということですが（笑）。

小林　そうなんですよ。マルクスの階級闘争史観をそのまま日本に当てはめるから、天皇も幕府も搾取する側になるんですが、これは歴史的な事実と違うわけですよ。だから「つくる会」は、それを書き換えないといけないと考えたんです。たしかに天皇が権力も権威も握っていた時代はあったけど、次第にそれが分離して権威だけを担う存在になったわけですよね。しかも天皇には「民のかまどは賑わっているか」と、庶民の暮らしを思いやる面がある。それを単なる搾取者として描いたら、日本の歴史になりません。

ルオフ　搾取は「盗む」に近い言葉ですから、たしかに天皇には似合いません。

小林　そうそう。しかし日本の民衆は常に権力の犠牲者として描かれるから、戦死者も大皇の犠牲者だったという話になってしまうんです。これはおかしいから、まともな歴史教科書を作る運動を始めた。

ルオフ　戦後の日本社会を賞賛する教科書についてはどう思われますか？　戦後の価値観はほとんど批判されませんよね。平和で豊かな社会になったと言われます。

小林　たしかに、いまの左翼の教科書でもそういう記述になってますよね。戦争が終わってからは良い社会になったと書かれている。しかし、戦後の平和はアメリカに安全保障を預けた結果ですからね。日本が軍隊をもぎ取られて、自分で自分の国を守らない社会になってしまった。その犠牲になったのが米軍基地が集中する沖縄ですよ。そう考えると、単純に「戦後の日本は良い社会」なんて言えません。不完全な国が、たまたま朝鮮戦争の特需などで経済的に豊かになった。それを褒め称えるのは、わしの歴史観とは根本的に違いますね。その意味で、トマ・ピケティの指摘は正しい。

ルオフ　『21世紀の資本』ですか？

小林　普通は財産の成長率が賃金の上昇率を上回る。資本主義は放っておけば富裕層が圧倒的に有利だから格差は広がる一方になる。日本が戦後、全体として経済成長を続けてきたのは、単に復興経済だっただけで、敗戦で廃墟になったからに過ぎない。だからわしは、「日本が自覚的に平和主義を採用したおかげで戦争を何もせずに豊かで立派な国になりました」という歴史観はおかしいと思います。復興経済だけをありがたがって戦後日本は良い社会と言ってるのが倒錯的です。国家としての主権を回復していないし、そもそも平和でさえなかったわけでね。だって、沖縄の基地から飛んでいった米軍が、朝鮮半島やベトナムで戦争をしていたんですよ。兵站基地として米軍に協力した日本が、本当に戦争をしなかった国と言えるのかと。戦争においていちばん大事なのは兵站ですから。これがなければ戦争はできない。日本人の多くは何も手を汚してない国民のような顔をしてるけど、嘘つくんじゃないよとわしは思っているわけです。

ルオフ　なるほど。たしかに、ある意味で戦争に参加していましたね。

小林　平和な国になろうと思ったら、やっぱり自分で国を守って、自分で戦争を起こさないよう努力することが大事。米軍さえいなければ、イラク戦争にも協力しませんでしたよ。それで次はイランかもしれない。そうなるとまた沖縄からどんどん米軍の空母が出て行って、兵站基地として利用される。アラブの連中は、アメリカの後方支援をする日本人に敵意を持ってしまうでしょう。いずれにしろ、戦後の平和なんてペテンですよ。

ルオフ　二〇〇三年のイラク戦争のとき、僕は日本にいました。時差ボケのせいで遅い時間に起きてホテルのテレビをつけたら、小泉首相が国会で「自衛隊を送るところは戦闘地域ではない」という説明をしていましたね。とても変な説明に聞こえました。

小林　どこであろうと自衛隊が行けばそこは非戦闘地域だと言うんだからね。そんな都合のいい話があるわけないだろう、という。

ルオフ　あれを見ると、政治家のお務めはやはり嘘をつくことなんですね（笑）。

小林　結局、自衛隊はあの戦争で兵器や弾丸や米兵を輸送したんです。それで米兵がファルージャなどで普通の市民を殺しまくっていたんだから、日本って本当に狡いですよ。アメリカの属国だから、そうやって道徳にもとることばかりやらざるを得ないんです。だから、むしろ侵略戦争を止めるために自国で軍隊をちゃんと持つべきなんですよ。

日本政府の「宣伝工作」

ルオフ　小林さんは日米関係について疑問を持っていますから、日本政府がやっていることをひとつお教えしておきます。

小林　何をしているんですか？

ルオフ　日本政府は、現在の日米関係の状況が素晴らしいと信じている大学の教授をアメリカに派遣して、講演をさせています。僕も自分の大学でそれを主催するように頼まれたことがありました。日本政府の狭いところは、自分で主催しないことです。大学が学者の講演を主催すると、それが学術的なものだと認めることになりますね。

小林　なるほど、そのほうが箔がつくわけだ。

ルオフ　でも実際は宣伝ですね。僕は一度だけ主催したときにそれがわかったので、もう頼まれてもやりません。政府の宣伝活動ならば、大学ではない場所を借りて日本政府主催の講演としてやるべきでしょう。それだと誰も聴きに来ないかもしれませんが（笑）。

小林　たしかに、そうかもしれん。日本政府もそう思うから大学に主催してほしいわけで。

ルオフ　政府の宣伝なので、日本から派遣される学者は日米関係の素晴らしさだけを強調します。たとえば沖縄の問題にはまったく触れようとしませんね。沖縄の米軍基地がどんな迷惑をかけているかという話は全然しないです。

小林　なるほどね。まあそういう連中はいるわな。とにかく日米同盟ありき。

ルオフ　しかし米軍基地の問題を抜きにしては日米同盟も日米関係も語れません。

小林　まったくそのとおりですよ。米軍基地を日本列島のどこに置くかは、アメリカが勝手に決められる。日本が属国になっている何よりの証拠です。だから、北方領土の問題でもプーチンに弱みを握られちゃうわけです。もし日本に返還されたときに、北方領土に米軍基地を置かないという約束はできない。日本に主権がないから、そんなことも自分で決められないんですよ。「米軍基地は置かないから返還してくれ」とは言えないんですよ。その約束もできないんじゃ、ロシアが返すわけがない。

ルオフ　その話を初めて聞いたときは、ビックリしましたね。

小林　だから日本は独立国家じゃないんですよ。中国に王を決めてもらっていた古代の冊封体制と同じ状態。

ルオフ　日本政府は日系人に米日関係の素晴らしさを強調しますけど、僕の印象では、日本人の中には反米的な気持ちがあるように感じます。テーマにもよりますけど。

小林　どうなんだろうね。たとえばわしは対米独立を唱えているから、保守派から「反米」と呼ばれるわけですよ。でも実際は親米でも反米でもないんです。ハリウッド映画も大好きだしね。そのへんの保守派の連中よりもわしのほうがアメリカの映画を観てますよ。

ただわしはアメリカのポチではないというだけ。

ルオフ　もし米軍基地がなくなって、日本が小林さんの考える「独立」を果たした後は、アメリカとの関係はどうなりますか？

小林　安全保障条約を結び直すことが必要でしょうね。その相手は中国ではなく、やはり同じ民主主義国のアメリカですよ。日本がちゃんと自主独立の国家になって、アメリカと安全保障条約を結び直す。ただし、アメリカだけではありません。東南アジア諸国とも安全保障条約を結ばないとダメだと思ってます。

ルオフ　それで中国から日本を防衛できますか。

小林　保守派もよくそれを言いますよ。「中国に負けるじゃないか」と。でも、わしはやれると思います。北朝鮮を見習えばいい。あんな小さな国が、アメリカからも攻撃されずに立ち回ってるんですよ。ものすごい賢さだと思う。

ルオフ　なるほど、知恵を使えばいくらでも対抗できるということですね。

小林　しかも日本には、世界でも有数の軍備があるわけですよ。それで北朝鮮より劣るはずがない。日本人はチームプレーも得意だから、本気で軍隊を持ったらかなり強い国家になりますよ。

ルオフ　核兵器はどうしますか。

小林　本当は核兵器も持つしかないでしょう。中国、ロシア、北朝鮮がみんな核兵器を持ってるんだから。それに対して、いまの日本はアメリカの核の傘の下にいる。アメリカの核で守ってもらうか、自分の核で守るのかだけの違いですよ。

ルオフ　自分で持つほうがいいと小林さんは言ってますね。

小林　自分で核を持っておけば、攻撃を受けない状態になるわけです。万が一、中国に尖閣諸島を侵略されて奪還しなければならなくなったとき、こちらに核がないと、相手に核で脅されたらどうにもならない。核さえ持てばにらみ合い状態になって、あとは海軍や陸軍の戦闘能力だけで決まっていくわけです。もちろん、日本の軍隊は国土を徹底的に防衛するだけの存在で、外には出て行かない。それは憲法で縛ることができる。戦前と戦後は価値観が違いますからね。戦前は帝国主義の時代の価値観だったから、日本がどこまでも拡張していく感覚を持っていただろうけど、いまは国際法も変わったし、日本がよその国を侵略するのがどれだけ無駄なことかも充分わかった。日本は自分の国さえ守ればいいという国家にしなければいけないんですよ。

ルオフ　なるほど。多くのアメリカ人は、日本は米軍の力で無料で防衛してもらっているだけのわがままな国だと思っていますね。

小林　そもそも大統領のトランプがそんなふうに勘違いしてるからなぁ。もう、そう見られてること自体が不愉快。冗談じゃないよ（笑）。

アメリカについていけば日本は安泰？

ルオフ　中国と韓国、さらにアメリカとの関係について話してきましたが、ここで小林さんに聞きたいことがあります。戦後は終わっていますか？

小林　まだ決着がついてないことがたくさんありますからね。そもそも先の大戦をどう評価するのかという問題も決着がついてない。それをどう評価するかは、日本国の国民としての態度につながってくるんですよ。たとえば自称保守派が戦後体制や戦後民主主義を批判するとき、彼らが嫌っているのは左翼的な平等や自由なんですよ。しかしわしはそうじゃなくて、戦後の日本がアメリカの属国体制になっていることを批判している。そのせいで民主主義がそもそも完成していないと言ってるわけです。

安保法制問題のとき、シールズという若者の団体が「民主主義とは何だ！」というデモをやっていたので、わしは「こいつら見込みあるかもしれない」と思って接近してみたんだけど、最初からわしを右翼扱いして聞く耳を持たなかったんですよ。だから「民主主義とは何かを考えるなら、ルソーの社会契約論を読みなさいよ」と言うつもりで『民主主義という病い』（幻冬舎）という本まで描いた。ルソーをちゃんと読めば、「国家が君が死ぬことに意味があると言ったら国民は死ななければならない」とまで書いてますよ。国家との社会契約の中では、国民は国を守らなければならないのが前提。それが民主主義なんだから、ルソーも読まずに民主主義を語るのはあまりにも幼稚なんです。国家をつくるときにいちばん肝心なのがそこなんだけど、左翼はそこをあえて考えずに隠すんですね。

さらには保守派までがその基本を脇に置いて、国防を自分たちでやらずにアメリカに任せるわけですよ。トランプが「日米安保は不公平だ」とか「沖縄の基地の土地代を払えば返してやる」とかムチャクチャなことを言ったら、いちばん怒らなきゃいけないのは保守派のはずでしょ。基地の土地は日本のものなのに、なんで土地代を払わなきゃならないのと。

ルオフ　トランプは歴史を勉強する人ではないですね（笑）。

小林　だったら教えてやればいいのに、保守派の連中は「トランプがそんなこと言うはずがない」「アメリカの大統領が日米安保に疑問を持つわけがない」とか言ってるんですよ。報じたのが朝日新聞だったものだから「フェイクニュースだ」と。ところがその翌日にトランプが記者の前で「日米安保は不公平だ」とまた言っちゃった（笑）。だけど保守派は反省しない。とにかく日米安保が崩れるはずがないから、日本は独自の軍隊を持たなくてもアメリカが守ってくれると言い続けるだけなんです。わしはそういう「戦後」のあり方を批判してるんですよ。

ルオフ　だとすると、もし日本のアメリカに対する従属が終わって憲法第九条が改正されたら、それは小林さんにとって戦後を終結させることになりますか？

小林　なりますね。ただし安倍首相が唱えてるような憲法改正ではダメですよ。自衛隊を明記するだけの改正なんてお話にならない。

ルオフ　安倍首相はそれで戦後が終結すると考えているのでしょうけど、小林さんにとっては、あれだけでは十分ではありませんね。

小林　ただ自衛隊の名前を入れるだけでは、何の意味もないですよ。石破茂をはじめとする自民党の議員たちは、もっと根本的な改憲を考えていたんです。その改憲案もダメなところがいっぱいあったが。でもそれでは国民投票で勝てないと思った安倍首相が妥協に妥協を重ねるようにして、あの改憲案を出してきた。そもそも安倍首相は「戦後レジームからの脱却」と言いながら、アメリカの属国としての戦後レジームを完成させようとしてるんです。「アメリカについていけば日本は一〇〇年安泰だ」という岡崎久彦なんかの話を信じちゃってるんですよ。

ルオフ　終戦から数えると、もう一〇〇年に近づいてますね（笑）。

小林　そりゃそうだ（笑）。だから逆に、そろそろ変えないと危ないってことですよ。そのためには、ちゃんと自主防衛できる国軍を持てるような改憲が必要です。憲法改正は国民投票を経なければダメですから、それが通れば、大多数の国民が「自分で自分の国を守る」という意識に変わったことになる。属国としてアメリカの顔色をうかがいながら生きていくのはやめた、ということです。それによって真の独立国になれたら、わしの批判するおかしな戦後体制は終わったことになりますね。

ルオフ　だとすると、小林さんの戦後が終わるまでにはまだ時間がかかりそうですね。

小林　自分の生きてるあいだに達成したいから必死でやってるけど、できないかもしれないね。だったら、次の世代に受け継げるように自分の支持者を増やすしかない。そのために、ゴー宣道場というのをやってるんですよ。一般の人を集めて、二カ月に一度、そこで議論をする。あちこちに支部もできました。これを広げれば、日本全国に後継者ができるじゃないですか。その人たちが活躍して世論を盛り上げれば、それを支持する政治家や学者も出てくるでしょう。そのためのベースをいま作ってるんですよ。次の世代までかかっても、日本を完全に独立させるまでやる。それが終わらないと戦後は終わらない。

和製リベラル

ルオフ　小林さんのお話をうかがっていると、民主主義の国がどうあるべきかということについて、全然ふつうのことを言ってるように思います。少なくとも僕の国では、当然のこととして受け止められるはずです。

小林　なるほどね（笑）。

ルオフ　でも日本ではなかなか受け入れられないのは、民主主義について独特の考え方をする人が多いからでしょう。日本人の多くは、民主主義国の定義の中に「平和」という要素が入っています。ほかの民主主義国では、民主主義の定義にそれは入っていません。もちろん平和は良いことですけど、平和じゃないからといって民主主義が否定されたことにはなりませんね。

小林　そうか。つまり、日本とアメリカでは「リベラル」の意味が違うんですよ。日本の場合、朝日新聞に代表されるような「リベラル」は、軍隊を持たずにひたすら平和を願う立場になっている。そもそも国家の存在さえ否定しますからね。でもそれは、いわば「和製リベラル」であって、よその国にそんなリベラルはいない。

ルオフ　たしかにアメリカでは、「民主主義を守るために軍隊を廃止したほうがいい」という意見は聞きませんね。あったとしても、ごく少数派の意見でしょう。

小林　民主主義を守るために軍隊が必要なのは当たり前なのに、日本では民主主義を守るために軍隊が要らないという話になってるんだよ。これはまったく世界標準じゃない考え方。一方で保守派は「民主主義を守るために米軍が必要である」と言うんだから、右も左も話が通じない（笑）。やっぱり、ルオフさんみたいなアメリカ人のほうがわしの話は通じるんだよ。

ルオフ　少なくとも民主主義についてはそうかもしれません。

小林　以前、アメリカに留学した女性が、わしの『ゴーマニズム宣言』を自分の大学の学生に英訳して読んで聞かせたらしいんですよ。そしたら学生たちがみんなビックリしたんだって。まず、アメリカには政治評論みたいなマンガを単行本一冊になるほどの分量で描く人間がいないから、「日本にはこんなマンガ表現があるのか！」と驚く。

ルオフ　政治を風刺するような短いマンガはありますけど、小林さんの作品みたいな分厚い政治マンガはひとつもないでしょうね。

小林　しかも、そのとき読み聞かせたのはイラク戦争に関する本だったので、みんな「まったくこの作者に賛成だ、すごいすごい！」となったらしいんです。そういう意味でも、わしはアメリカ人のほうがウケるんじゃないかという気がする（笑）。

ルオフ　学生と話すのは面白いですね。僕の仕事は学生にさまざまな疑問を持ってもらうことですが、ある授業で教えていた学生たちは、僕が何かを教える前にその姿勢を持っていました。なぜそういう姿勢を持つことができたのかと学生に聞いたら、「私たちは生まれたときにイラク戦争をやっていたので、小さいころから政府の言うことをあまり信じないのです」と答えていました。

小林　なるほどね。だから、学生の水準もじつはアメリカ人のほうが上なんですよ。日本の学生は現状に何の疑問も持たずに、どっちかというと「安倍政権支持」みたいになっちゃってる。次の世代を育てようにも、新聞も読まない若者ばかりでは心許ないですよ。

第五章

昭和天皇に戦争責任はあるか

加害者か被害者か

ルオフ　先ほど小林さんもおっしゃったように、戦後という時代を終わらせるには、第二次世界大戦で日本がしたことをきちんと評価する必要があります。そこでは、昭和天皇の戦争責任の問題は避けて通れません。これは小林さんと僕とで意見の分かれる問題だと思いますが、天皇制について考える上でも重要なテーマです。

小林　そうですね。『国民の天皇』を読んで、ルオフさんが昭和天皇に戦争責任があるとお考えだということはわかりました。どこかのタイミングで退位すべきだったというご意見ですよね。

ルオフ　そうですね。昭和天皇は、満州事変から一九四五年八月の降伏まで、公の立場としてはずっと戦争を支持していました。しかし戦後は昭和天皇が平和を愛する人物だったという物語がつくられ、戦争を支持していた日本国民も自分たちは戦争の被害者だったと考えるようになりましたね。そこに戦後日本の大きな問題があると考えています。

小林　まず、戦争に対する責任をきちんと分類することから始めましょう。戦争責任という場合、そこには三つの罪がありますよね。戦争を始めた罪、国際法違反である戦争犯罪、そして戦争に負けた罪です。

ルオフ　そうですね。

小林　では、まず戦争を始めた罪が昭和天皇にあるのかどうか。アメリカとの開戦について言えば、昭和天皇はアメリカと戦争したくなかったわけですよ。だから、毒をもって毒を制すつもりで東條内閣を作った。東條が軍部を抑えて、アメリカと何とか交渉して戦争ができないように努力したんですよ。でも結局はハルノートを突きつけられて、開戦せざるを得なくなりました。

そのときに昭和天皇は明治天皇の御製を詠んだわけですね。「四方《よも》の海みなはらからと思う世になど波風の立ちさわぐらむ」。静かな海をどうして波立たせなければならないのかという哀しみの歌です。だから戦争を始めたくはなかったわけで、少なくともアメリカとの戦争を始めた罪はありません。

次に戦争犯罪に関しては、それぞれの軍隊がどこで何をやっていたかは昭和天皇にはわからないことなので、これも責任はないでしょう。三つめの敗戦責任についても、昭和天皇が悪かったから負けたということはない。ただ圧倒的にアメリカが強かっただけの話で、開戦した時点で負けることは決まってました。そこで左翼は「負けると思っていたならば昭和天皇が軍部を抑えればよかったじゃないか」と言うんだけど、明治憲法は立憲君主制ですからね。天皇は内閣の輔弼《ほひつ》によって動かざるを得ない。内閣や軍部に対して「おまえたち、戦争はやめろ」と命令したら、天皇親政になっちゃいますからね。天皇が独裁者になってしまうから、それはできません。

ルオフ　たしかに、アメリカと戦争をして勝てるとは思っていませんでしたね。でも日本の戦争はアメリカとの戦争だけではありませんでした。たしかに昭和天皇は対米戦争については否定的でしたが、中国では勝てると思っていたのではないでしょうか。その戦争にはあまり反対していなかった。

小林　いやいや、日中戦争のきっかけになった張作霖爆殺事件が起きたとき、昭和天皇は首相の田中義一を激しく叱責していますから。すると田中義一は責任を取って内閣総辞職をして、その後すぐ病死してしまいました。昭和天皇はこのことに強い責任を感じたわけです。自分が内閣に口出しをすると、立憲主義を踏み越えることになってしまう。だからそれ以降はなるべく口を出さないようにしたと回顧録に書いてあります。「天皇が軍部を抑えればよかった」と批判する左翼は、立憲主義を破れと言っているのと同じですよね。

立憲主義よりも天皇独裁のほうがいいというなら、戦争を止められたかもしれない。でも憲法を守れば、そんな命令はできないわけですよ。

ルオフ　はい、それはわかります。

小林　昭和天皇の回顧録には、もし自分が開戦に反対したらクーデターが起きていただろうとも書いてあります。五・一五事件や二・二六事件もあったように、当時の軍部はそれぐらい怖い存在だった。クーデターが起きれば、天皇は軍部に押し込められてしまったでしょう。そうなったら、「これは天皇の命令だ」ということにして何でもできてしまう。結局、戦争は止められなかったでしょうね。そういう時代に立憲君主制の天皇として振る舞わなければいけなかったんだから、昭和天皇はむしろ犠牲者ですよ。

日本国民も戦争を支持していた

ルオフ　当時の昭和天皇が果たした役割を外国に説明するのはものすごく難しいですね。

よく聞くのは「ヒトラーやムッソリーニのような役割を果たしたのか」という質問ですが、そんなことはない。

小林　そう見られてしまうのは、三国同盟を結んでしまったせいなんですよ。ムッソリーニのイタリア、ヒトラーのドイツと同盟を結んだのは日本の大失敗。最悪です。

ルオフ　僕もそう思いますね。三〇年代のアメリカでは、日本がどういう政策を取る国なのか、一般の人はあんまりわかっていませんでした。でもナチと同盟を結ぶと、「ああ、そういう国なのか」と思ってしまいます。

小林　昭和天皇も、あの三国同盟に対しては強く非難していたんです。

ルオフ　しかし、ヒトラーやムッソリーニのような独裁者ではなかったとはいえ、昭和天皇は単なるロボットでもありませんでしたね。

小林　明治憲法の下では、ロボットではないですよ。戦後は憲法学的に「ロボットになるべきだ」という話になってしまったから、新憲法の下ではロボットでいようと思っていたかもしれないですけど。

ルオフ　そうですね。だから戦前・戦中は、内閣や軍部の自己正当化のために利用されながらも、ある程度は自分の意思を政治に反映させていたでしょう。

小林　もちろん、それはあると思います。立憲主義とはいえ、完全なロボットではない。

ルオフ　これは僕の本にも書きましたが、昭和天皇は内奏を通じて、戦争のやり方などをかなり積極的に閣僚たちに話していましたね。

小林　それは当たり前だと思いますよ。戦争が始まってしまったら、勝たなければアメリカやソ連の植民地にされて国が終わってしまうかもしれませんからね。朝鮮半島みたいに北と南に分割されてしまう可能性もあった。天皇としても、日本が負けることを望むわけにはいきません。ものすごい不安と戦いながら、どこかでうまく講和に持ち込めないものかとか、そんなことも考えていたはずですよ。そりゃあ黙っておられず、内奏ではいろいろと具体的な話もしたでしょう。

ルオフ　それを政治的関与と見るかどうかは、判断が難しいところですね。ただ、僕が昭和天皇の戦争責任を強調するのは、そういう部分ではありません。日本の左派が考える戦争責任とはちょっと違うと思います。

小林　どういうことですか？

ルオフ　僕が重要視しているのは、昭和天皇が戦争責任をとらないと、日本の国民は戦争にまったく責任を感じなくてよくなるということです。昭和天皇が戦争の責任をとっていたら、国民も戦争を支持したことを反省したかもしれません。これは、戦後になって作られた神話とも関連しますね。戦後の日本では、あの戦争は国民にとって暗い谷間のようなもので、みんな上から押しつけられた戦争の苦労に耐えながら、やむを得ず戦争を支持するフリをしたという神話ができました。でも本当は、国民も積極的に国旗を振りながら戦争を支持していましたね。

小林　はい、支持してました。

ルオフ　だから本当は国民にも責任があるのに、それをなかったことにして、戦後は「国民も犠牲者だった」という話になっています。昭和天皇も同じですね。戦後になると「昭和天皇は陸軍に利用されただけで、もともと平和主義者だった。自ら戦争を支持したわけではない」というような神話が作られました。その天皇に関する神話を通して、日本の国民に対する神話もできたのだと思います。

小林　それは違うと思う。たしかに国民はみんな熱烈に戦争を支持してたけど、昭和天皇はそうじゃないとわしは思ってるんですよ。立憲主義の体制では、天皇はどうすることもできない。

ルオフ　たとえ平和主義者であっても、戦争が始まってしまったら、勝つためにどうすればいいか考えないと仕方がない？

小林　そういうことです。それに、一五年戦争そのものの意味についても、左翼のバイアスがあるんですよ。あの戦争が満州事変から始まると考えるから「一五年戦争」になるんだけど、わしの考えは違います。すべてはアメリカに不平等条約を押しつけられたところから始まっている。そこから日本は軍国主義への道を歩まざるを得ない状態になっちゃった。植民地も持てるような一流国になって、不平等条約を解消することが最大の悲願ですから。たとえば中国や朝鮮は革命外交をやるんですよ。つまり外国との条約を勝手に破る。そういう国柄なんですよ。ところが日本は違う。生真面目だから、たとえ不平等であっても約束を守っちゃうんです。「こんな不平等条約は知らん！」と無視することができない。だから西洋列強と互角の国になろうと必死で頑張って、軍国主義化したわけです。これが日本人の気質ですよ。

ルオフ　同じ東アジアでも、歴史などが違って見方も違いますね。

小林　そうなんですよ。朝鮮や中国のようにいい加減だったら良かったのかもしれないけどね。いまでも韓国はそうでしょ。いくら条約を結んでも破るから意味がない。でも生真面目な日本人はそんな奴がいると思ってないから、何とか条約を結ぼうとするわけ。震災で物資が不足しても、日本人は暴動を起こさずに列を作って真面目に待つでしょ？　それが日本の国柄。超真面目だったおかげで軍国主義の道を進んでしまった。それで日清戦争に勝っちゃった。日露戦争にも勝っちゃった。それで増長して止まらなくなったわけだから、満州事変から始まったことではないんです。

別の道を選ぶことができたのか

ルオフ　僕が大学院生のとき、アメリカの歴史学で流行っていたのは、こんな仮説でした。日本は一九三一年の満州事変までは良い道を歩んでいた。なぜ満州事変から悪い道を選んだかというと、ほかの帝国主義的な国と協力せずに帝国主義を進めたのが良くなかったから。つまり、アメリカやイギリスと協力してやるのは良いけど、協力せずに帝国主義的な政策をやるのは良くなかったという見方が流行っていたんです。いまはそれを批判する学者もいますが。

小林　なんかムチャクチャな話だけど（笑）、面白い説だな。たしかに、そうかもしれない。たしかに、そういう感覚で捉えられちゃってる気がするね。朝鮮半島を合併したことは、とくに国際社会から批判されていなかった。満州事変も、リットン調査団が入ったりして非難はされたけれども、国際社会は「絶対に容認しない」という感覚ではなかったんですよね。案外そのまま取れたかもしれないという雰囲気はあったんです。

実際、満州国はすごく発展しちゃったんですよね。「五族共和」を掲げて、ロシア人も朝鮮人も入ったアメリカ合衆国みたいな国をつくろうとしていた。結局、あれは日本軍がシナに入っちゃったのがいかんのですよ。万里の長城の外は中華世界ではなくて蛮族が支配する土地だから、誰が取ろうと中国の関与するところじゃない。ところが日本は万里の長城の中に入ってしまった。これは大失敗だとわしは思ってます。これをやったがために中国はアメリカに対するプロパガンダを始めた。アメリカは中国に味方して、フライング・タイガースという対日戦闘部隊を送っていたから、こうなると日本がアメリカと正面から戦う日が来ることになる。もし満州で止めていたら、アメリカと対立することはなかったかもしれないよね。満州国という五族共和の国のラストエンペラーと日本の天皇とのあいだに友好関係が続いたかもしれないし、満州国が独立を求めて日本と戦争になったかもしれない。いずれにしろ、満州国が残っていたら日本語の大きな市場ができるから、わしの本はもっとヒットしたでしょう（笑）。

ルオフ　でも僕は、やっぱり日本が別の道を選ぶことができたと思う。たとえば現時点で多くの日本人は、日本がアメリカと安全保障条約を結んでいることを自然なものとして受け入れています。しかし小林さんにとっては少しも自然なことではなくて、変えることができるし、変えたほうがいいという意見ですよね？

小林　そうですね。

ルオフ　だから当時も、いくら難しかったとはいえ、別の道を選ぶことができたと思いますね。日本だけではなくて、ほかの帝国主義的な国もそうです。それに、日本には帝国主義に反対していた人もいましたし。

小林　うん、それは賛成します。たしかに帝国主義に反対する日本人はいました。わしはそれを『大東亜論』（小学館）という作品で描いたんですよ。頭山満《とうやまみつる》をリーダーとする玄洋社という大アジア主義を掲げたグループが福岡にあった。結局はGHQに潰されてしまったけど、彼らは朝鮮も中国もアジアは全部仲間にならなければならないと考えてた人たちです。だから中華民国の孫文や朝鮮の金玉均《きんぎょくきん》のことも支援していた。だから孫文が日本にやってきたときに、アジアを支配しようとする日本政府とアジア主義者は対立したんです。孫文は神戸の演説で「日本は王道を行くのか、覇道を行くのか」と演説しましたが、アジア主義者たちは王道を行きたかったんですよ。同胞として、アジアの民と仲良くやりたかった。でも残念ながら政府は力ずくで支配する覇道を選んでしまったんです。ここが大きなミスなんですね。だから、別の道を歩もうとしていた日本人はたしかにいたし、わしもその時代に生きていたらそっち側で活躍していたはずです（笑）。

戦争の道義的責任

ルオフ　昭和天皇の戦争責任については、もうひとつ問題があります。明治憲法の下では天皇が国家元首でした。本人がどんなに戦争に疑問を抱いていたとしても、日本の軍国主義の象徴は昭和天皇だったわけです。

小林　もちろん、そうです。

ルオフ　たとえば飛行機が墜落すると、その航空会社の社長が責任を取りますね。社長がミスをしたわけではなくても、辞任するわけです。しかし昭和天皇は戦争が終わった後に退位しませんでした。中国や韓国の人々にとっては、日本は誰も責任を取っていないように見えたのではないでしょうか。

小林　外からはそのように見えるということですよね。天皇にはさっき挙げた三つの戦争責任はないんだけど、道義的な責任は感じていました。だから昭和天皇はマッカーサーと面会したとき、「私に全責任があります」と処刑されるのを覚悟で言ったわけですよ。しかしその態度にマッカーサーは感動してしまった。しかもアメリカ本土の国務省は、「天皇を縛り首にしろ」という世論に反して、天皇を利用して日本をまとめたほうがいいと考えたんですね。それはそうでしょう。日本人は本気で「本土決戦」「一億総玉砕」と腹をくくっていたから、放っておいたら戦争はそう簡単には終わらなかった。天皇の号令があったから、八月一五日でみんな武器を置いたんです。その強力な権威を使って統治するのがアメリカの政策となったから、それまで軍部に利用されていた天皇がこんどはアメリカに利用されることになってしまった。自分の意思で天皇の地位に居続けたわけではないんです。

ルオフ　はい、それはわかります。でも、サンフランシスコ講和条約が発効して、GHQの占領が終わった時点で退位するという道はありました。

小林　それはひとつの選択肢としてあり得たかもしれない。それはわしも否定しません。しかしGHQは、占領終了後に天皇制が終わるだろうと思っていたんですよね。それまで日本人は生身の天皇陛下を見たことがないから尊敬していたけど、全国を行幸したら、「こんな小男を神として崇拝していたのか」と失望して忠誠心をなくすだろうと予想していた。ところが実際には、国民は日の丸の旗を振って大歓迎したわけですよ。天皇のカリスマ性は、戦争中にでっち上げられたものではなく、本物だったことがわかってしまった。国民から熱烈な愛情を向けられている昭和天皇を退位させるのは難しかったでしょう。

それに、当時はGHQが共産党を合法化して、収監されていた共産党員をどんどん釈放していました。しかし当時の共産党はソ連からの指令で暴力革命を志向して、「天皇制打倒」を唱えていたんです。いつ彼らが蜂起するかわからない。昭和天皇が日本の共産化を危惧するのも当然でしょう。ところがマッカーサーは日本を非武装中立国にしようと考えていた。そんなことになったらソ連を食い止められないから、昭和天皇はアメリカ国務省にいわゆる「天皇メッセージ」を送って、米軍を駐留させてほしいと頼んだわけですよ。

これは厳密に言えば憲法違反だけど、当時は占領期で政治指導者がおらず、憲法自体がまだ機能していなかった。吉田茂なんかはアメリカの言いなりだから、本当に国のことを考えて交渉できるのは昭和天皇しかいない。沖縄に米軍を駐留されるときに賢かったのは、日本の潜在主権を置いたまま統治するようアメリカに頼んだことです。完全に明け渡さずに潜在主権を残していたから、のちに沖縄は本土復帰を果たすことができた。当時の昭和天皇は、もっとも有能な政治家だったんですよ。もし退位していたら、日本がどんなことになったかわからない。

ルオフ　でも沖縄の住民にとっては、戦中と戦後の二度にわたって犠牲にされた気持ちになるでしょう。

小林　それはそうなんです。でも、もし潜在主権を残さなかったらアメリカの領土になっていたかもしれないんですよ。あるいは、パラオのように国連が統治したかもしれない。沖縄をいずれ日本に取り戻すには、やむを得なかったんです。でも、沖縄に強い負い目を感じていたからこそ、昭和天皇には沖縄に行きたいという気持ちが最後の最後まであった。その意思をいまの上皇陛下が継いで、何度も沖縄に足を運んだんですね。

ルオフ　退位するのは、その問題が片づいてからでもよかったと思います。

小林　うん、どこかのタイミングで戦争の道義的責任を取って退位する選択肢はたしかにありましたね。

退位は可能だったのか

ルオフ　たとえば当時の皇太子が結婚したときとかでもよかったでしょう。とにかく一九八九年まで天皇であり続けたのはやはり問題だったと思います。外国から見たら、日本が戦前と変わっていないという印象になってしまいますから。

僕は今回の明仁上皇の退位のとき、ＮＨＫワールドに解説者として呼ばれて、いろいろな話をしました。あのときは世界中の人々が日本に注目して真面目に見ていたんです。だから一生懸命、戦前の日本と戦後の日本の断絶性と連続性について説明しました。そこで気づいたのは、明仁上皇の退位によって、世界の人々がやっと戦前と戦後で日本が変わったのを理解したということです。終戦から七四年もかかってしまったんですね。そんなに時間がかかったひとつの理由は、やはり日本の象徴である昭和天皇が退位しなかったことでしょう。それによって、外国に与えるイメージが変わらなかった。

小林　たしかに、そういう側面はあるかもしれない。ただ昭和天皇がどの時点で退位すれば良かったのかは非常に難しいですよ。なぜかといったら、今回の明仁上皇が退位するときだって、「憲法違反だ」と言われるんですから。それを考えると、昭和天皇が自分の意思で「皇太子が結婚したから自分は退位する」と言えたかどうか。憲法違反だという人たちとの摩擦を乗り越えて退位することができたとは思えないな。

ルオフ　たぶん文句を言う人が多かったでしょうね。

小林　しかも当時の昭和天皇はまだ若くてお元気だったわけですよ。ご高齢の明仁上皇が退位すると言っても「憲法違反だ」という奴が出てくるわけだから、元気なときに退位するのはよほどの理由が必要でしょう。すると、やはり「戦争の道義的な責任を取って退位する」とはっきり言わなければならない。果たしてそれで国民が納得したかな。
なにしろ昭和天皇に対する戦前・戦中世代の思い入れはすごいものでしたからね。これはわしの世代でも、ちょっとわからない。戦争から敗戦、その後の占領期も戦後の復興も全部いっしょに暮らしてきた世代は、昭和天皇が亡くなったときに心の底からショックを受けていたんですよ。わしから見ると「天皇が亡くなるとこんなに悲しむのか」と驚くぐらいでしたね。その人たちが、まだ若い昭和天皇の退位を受け入れたかどうか。「まだ元気なんだから、どうかやってください」という熱望が渦巻いたかもしれない。外国から見たら日本が変わったように思えないというルオフさんの指摘はよくわかるんだけど、国内的には政治家とのあいだにも相当な軋轢《あつれき》が生じて、大変なことになったでしょうね。

ルオフ　でも中曽根康弘は一九五二年の国会で、天皇は退位して戦争犠牲者の霊を慰められたらよいのではないか、と質問をしました。吉田茂は、陛下の退位を唱える者は誰であれ非国民だ、と答えましたが。

小林　どっちの感情のほうが正しいのか、よくわからない。でも、いまは保守系ジジイの中曽根が、若いときはそんなことも言えたんだよね。それはすごいと思わないでもないけど、どちらかというと、わしは吉田茂のほうに感情移入しちゃうな。昭和天皇に自ら「臣茂」と言ったほど、天皇の臣下としての自覚を持ってたわけでしょ。そういう政治家は偉いと思ってしまう。安倍首相なんか絶対に「臣晋三」とか言わないですよ。あれは完全なる逆賊ですからね。

いずれにしろ、現実的に退位が可能だったかどうかはわからないんだけど、もし昭和天皇がお元気な状態で譲位した場合、明仁上皇はちょっと公務がやりにくかったかもしれないですよね。

ルオフ　たしかに、それもありますね。

小林　昭和天皇の跡を継いだ明仁上皇は、退位するまで戦争の後始末をやりました。自分の父親の時代に起こしてしまった不幸な戦争によって迷惑をかけた人々の気持ちを癒やすために、あちこちに足を運ばれた。沖縄にも何遍も行って、いまや沖縄県民でさえなかなか作れない琉歌まで自分で作れるようになったほどですよ。

ルオフ　それは明仁上皇にとっての戦後を終結させるやり方でしたね。

小林　それはもう、すごい情熱でやりましたね。でも昭和天皇が上皇として元気でおられたら、同じことができたかどうか。結婚したての新しい天皇が「では私が戦後の処理を」と自ら行動を起こしたら、昭和天皇命のジジイどもが全員で「こんな若造なんか俺は認めないぞ」とギャーギャー言い始める恐れがあるよね。それぐらいのカリスマ性が昭和天皇には備わっていた。平成の時代に「天皇のために死ぬ」なんて言う日本人はいなかったけど、昭和天皇のために死ぬという人間はいくらでもいたわけだからね。

そう考えると、やっぱり退位ができたかどうかは疑問だなぁ。あのときは崩御までやらなければ仕方がなかったんじゃないだろうか。一方、戦後は平和な時代が続いたから、次の天皇は生前退位しても問題ない。何もかもが必然だったような気がしてしまいますね。国外から見れば昭和天皇が退位すべきだったかもしれないけど、国内の事情としてはきわめて難しかった。

ルオフ　昭和天皇の特別な存在感は、外国人にはわからないかもしれません。

小林　まあ、日本人のわしも驚くぐらいですからね。ゴー宣道場にも占領期のことを知ってる八三歳のおばあさんが来るんですよ。ずーっと最前列で目をつぶってるから「寝てるのか？」とも思うんだけど、アンケート用紙にはしっかりしたことを書いてくる。それによると、終戦後にMPが自分の学校にやって来て、天皇陛下の写真をみんな破り捨てて帰ったというんですよ。あのときの屈辱は忘れられない、と書いてました。

ルオフ　それは珍しい事件だと思いますね。GHQは兵士たちに、天皇の名誉を侵さないよう命令していたはずですから。もしそんなことをしたと将校たちが知ったら、厳しく処罰すると思います。

小林　そうかもしれない。日本軍だって命令に背いて戦争犯罪をした兵士もいたわけですからね。占領軍も、末端の兵士は日本人の若い女性をレイプしたりしていた。それに、彼らにしてみれば、「天皇陛下、万歳！」と叫んで突撃してきた日本兵に仲間を殺されているかもしれないわけですよ。だとしたら、写真を破り捨てたくなる気持ちもわからないではない。一方で、心底から尊敬している昭和天皇の写真を破られたおばあさんの悔しい気持ちもわかる。そういう世代の国民の感情を考えると、昭和天皇の責任の取り方はものすごく難しい問題だったと思いますよ。

第六章

令和の靖国問題

兵士を追悼するのは当たり前

ルオフ　戦争責任や歴史認識を語るときには、靖国神社の問題も重要でしょう。いろいろな見方のできる複雑なテーマですが、アメリカで靖国問題について教えると、学生たちはその多面性をすぐに理解します。

小林　そうなんですか。つまり、この問題を通して日本社会のことを多面的に学べるということですかね。たしかに、人それぞれの価値観や歴史観が反映される問題ではある。

ルオフ　僕は必ず年に一度は靖国神社に行くんですよ。僕の仕事は、大学の教員として日本の複雑性を理解することですが、靖国神社の本屋さんが日本の保守系や右翼の見方をいちばん理解できる場所なんです（笑）。じつは、小林さんのマンガもあそこで手に入れたことがありました。

小林　そうなんや。まあ、『靖國論』（幻冬舎）は置いてあるだろうね。

ルオフ　残念ながら、日本の本当の歴史が書いてある私の著書は置いていません。

小林　置いてあったら、逆に誤解されてしまうかもしれないけどね（笑）。

ルオフ　靖国神社の問題について議論する前に、ちょっと僕の個人的な話をしておくと、うちの妻の父親は陸軍予備役の准将でした。大学の教授をしながら予備役をやっていたんですね。それもあって、うちではいまでも軍隊の悪口は言いません。むしろ、軍隊を尊敬しています。なぜなら、軍隊は私たちの自由を守ってくれるからです。もちろん、私たちの自由とまったく関係のない戦争を起こすこともあるのは問題ですが、アメリカの政治家は基本的に軍隊の必要性を認めていますね。

小林　そりゃあ、そうでしょ。民主主義の根幹なんだからね。

ルオフ　たとえば国に尽くしながら戦死した兵士の未亡人に向かって「ご主人の戦死にはまったく意味がなかった」とは僕は言いたくないですね。国のために戦争に行って戦死したら、追悼されるのが当たり前のことです。しかし、これは日本だけの問題ではありませんが、負けた戦争で戦死した兵士の扱いはあまり良くありません。負けると戦争自体が評価されないので、戦った兵士も尊敬されないんですね。アメリカでも、第二次世界大戦の兵士とベトナム戦争の兵士では、かなり違います。ベトナム戦争の戦死者が英雄視されることはまずありませんね。遺族に関しては、まったく同情がないわけではありませんが。

でも僕は、兵士を追悼するのは当たり前だと思う一方で、戦争を正当化する動きにはあまり賛成できないですね。その意味では、靖国神社の遊就館に展示されている歴史の見方はちょっと受け入れられません。そこにはほとんど反省がなく、ひたすら日本の素晴らしさを強調しています。まるで日本が一度も間違いをしたことがないような歴史を伝えている。もちろんアメリカにも、そういう歴史を強調してる人はいますね。でも、そんな歴史からどんな教訓が得られるのか、僕にはわからない。場合によっては国を褒めることにも意義はありますが、褒めるだけでは過去から何も学べません。

小林　理屈としてはわかります。たとえばアメリカは、第二次大戦は自由のための戦いとして肯定するけど、ベトナム戦争はやはり侵略だったということで否定せざるを得ないわけですよね。

ルオフ　その評価も人によって違いますけど（笑）。

小林　ほんと？　ベトナムは誰が見ても完全な侵略戦争じゃないですか。

ルオフ　意見は分かれてます。

小林　あり得ない。ベトナム戦争を肯定できるなんて不思議だわ。

ルオフ　僕もそう思いますが、肯定してる人はかなりいますよ。

小林　信じられない。わざわざ太平洋を越えてやってきて、他国の領土を焼きまくったんですよ？　しかも開戦のきっかけはトンキン湾事件という自作自演。それで枯れ葉剤を使いまくって、奇形児ばっかり作ったんだから、ムチャクチャですよあの戦争は。しかし、あれほど悪い戦争であっても、国家がやると決めてしまったらやらなきゃいけない。それが戦争のいちばんの問題でしょう。

ルオフ　そうですね。

死者の民主主義

小林　国家という枠組みが克服されたら、戦争はなくなりますよ。逆に言うと、国家があるかぎり戦争は起こる。だから左翼は国家を嫌って解体したがるんだけど、実際に国家がなかったらどうなるか。イラクみたいなもので、国家の中心である政府がなくなってしまったら、もっと恐ろしい無秩序な状態になってしまうわけです。たとえ独裁制であろうと、そこに国家があるほうがまだ秩序が保てる。だから国家を克服する思想は、いまのところないんですよ。国家の存在は認めて生きていくしかない。そうすると国家と国家の対決が起こって、どうしても戦争になる。戦争がなくならない以上、勝つ戦争もあれば負ける戦争もあるんですよ。

誤解されると困るけど、勝てる戦争が正しいというわけじゃありませんよ。悪い戦争でも勝つことはあるし、正しい戦争でも負けることがある。だから、戦争は正しかったか悪かったかという評価ができないんですよ。戦争自体が悪といえば悪なんだけど、やっぱりやらざるを得なくなることはある。そのときに「負けたから悪い戦争だった」となったのでは、国家のために戦った兵隊たちにあまりにも申し訳ない。悪い戦争だから行かないで良かったのかというと、それも違うでしょう。国家を裏切って誰も戦争に行かなくなったら、国家が保てませんから。そうなると、やはり兵隊たちを評価する視点を持たないといけないわけですよ。「この兵隊たちはこういうことを信じて戦った」と述べるのは、単なる美化じゃありません。それを戦勝国が「敗戦国が間違った美化をしている。歴史修正主義だ」というのは、ちょっと傲慢だと思います。戦勝国にも悪いところはいっぱいあったわけだからね。だから、わしには戦争の評価はできないんですよ。

誰だって、戦争には行きたくないし死にたくもない。でも国家が戦うと決めたら、一〇代後半から三〇代ぐらいまでの若者たちが行かざるを得ないんですよ。戦地に行けば、殺されもするし殺しもする。それを誰が断罪できるんですか。わしにはできないですよ。やはり、「国家の存続のためによく戦ってくれた」と言わなければいけない。

ルオフ　もちろん、国のために戦う兵士を見捨ててはいけませんね。

小林　たとえばイギリスの作家チェスタトンは、「死者の民主主義」と言いました。国家はいま生きている人間だけで成り立っているのではなく、歴史の連続性の中に現在があるのだから、これまで国家を作ってきた死者を含む民主主義が大事だというわけです。それを考えると、いまの日本に生きているわしには、過去に戦死した若者たちに対する後ろめたさがある。戦後に生まれて、徴兵制もない時代に、国家のために戦わなければいけないという覚悟もなく生きてきてしまった。国防をアメリカに委ねて、国家の永続をアメリカの青年に任せているわけですよ。そんな身分で、独立国家だった時代の日本で死ぬ覚悟をした若者たちをどうして批判できるんですか。そんなこと許されないですよ。

だから、日本の過去の戦争を正当に評価するためには、まず日本がまともな独立国にならないとダメ。軍隊を持って、いざとなったら国民がちゃんと国を守る。そういう国民になったときに初めて、自分で世界戦略を立てないといけないわけですよ。そうなると、「この戦争をやるべきかどうか」といったことを自分たちの責任で考えないといけない。そういう立場になって初めて、「過去の戦争はバカげていた」とか「どうしてあんな無謀なことをしたんだ」と言う資格があるんです。

もちろん、愚かとしか思えない作戦はたくさんあったから、いまでもいろいろ言いたいですよ。「あんなに兵站を延ばして餓死者ばかり出したら負けるに決まってるだろ」とかね。わしの祖父もニューギニアに行ったんだけど、餓死だらけですよ。祖父は僧侶だったから、戦地でお経ばかり上げてたそうです。とにかく日本軍は戦略が酷かった。だけど、いまの日本人が国を守ることを何もしていないんだから、言えないじゃないですか。

パール判事の主張

ルオフ　戦死した兵士に感謝を捧げるのは当然だと思います。でも僕から見ると、靖国神社の歴史の見方はやはりおかしい。たとえば、東京裁判ではインドのパール判事が被告人全員の無罪を主張しました。でも彼の意見を読むと、日本が戦争で何も悪いことをしていないと書いているわけではありません。酷い行いについてもあちこちに書かれています。ただし、ほかの帝国主義的な国とくらべて日本が特別に悪いことをしたわけではない。だから、ほかの国が無罪なら日本も無罪ということでしょう。でも、この結論はちょっとおかしいと思いますね。酷いことをしたなら、日本もほかの国も有罪です。日本の保守派はパール説の「無罪」というところだけを部分的に利用しますが、日本が戦争で酷いことをしたという事実は認めたほうがいいと思います。

小林　わしは『パール真論』（小学館）という作品も描きました。パールの意見は、さっきのわしの話と似ているんですよ。つまり、敗戦国の日本を裁こうとする連合国に対して、「では、あなた方は何をしたのか」と資格を問うている。日本はこれまで連合国がやってきたことの真似をしたにすぎない、というわけです。

ルオフ　その理屈には、賛成できますね。

小林　パールは、それを何度も何度もくり返し書くんですね。連合国は日本がこんな悪いことをしたと言うけれど、じゃあアメリカが落とした原爆はどうなのか。あれもこれも

「おまえたちに言う資格はないだろ」と相対化していくと、日本だけを有罪にはできないんです。それで日本無罪という結論を導いている。

ルオフ　しかし、仮に判決としては無罪だとしても、悪い行いはありました。

小林　無罪と言ったのはパールだけで、ほかの判事は悪いところだけを見たから、結果的には有罪となったわけですよ。まあ、その結論は最初から決まってたことですけどね。誰かに責任を負わせるためにやった裁判ですから。被告の中には完全な文民もいましたけど、みんな有罪になって粛々と死刑を受けたんですよ。全員、絞首刑。東南アジア方面でも裁判が次から次へと行われて、一〇〇〇人以上の兵隊が死刑になりました。その中には完全な無罪な人もいましたよ。それだけの日本人が刑を受けたんだから、もう十分に責任はとったんです。

しかもその一方で戦争中の日本国民はどうだったかというと、みんな戦争に賛成してたんですよ。真珠湾攻撃で勝ったと聞いたらみんな万々歳の状態で、デパートでも大安売りを始める。新聞も「日本が勝てるわけはない」なんて書いたら売れなくなるから、みんなそれに迎合しました。大本営発表を垂れ流して「勝ってる勝ってる」と嘘ばっかり書いて、国民はそれを信じていた。そんな戦争の責任を問われて死んでくれた人間が何人かいるわけですよ。もう十分なんじゃないかな。だから、靖国神社で祀っている者たちの代弁をするような歴史観を展示しているとしても、それはもう仕方がないんじゃないかと思うんですよ。だってアメリカにおいても、ベトナム戦争を肯定する意見はあるわけでしょ？

ルオフ　それはそうです。

小林　わしの中には、過去の戦争を肯定する部分し否定する部分があるんですよ。国家を否定することはできないから、それを守ろうとした兵隊の貢献はどうしても讃えなければならない。その一方でわしは、「なぜ負ける戦争を戦わなければならなかったのか」と理性的に考えるわけです。どこかに引き返せる地点があったはずなんですよね。その意味で、日本のやったことを完全には肯定してない。しかし戦死者たちのために戦争を肯定してあげる理論も用意しているわけです。だから本当はその両方を見てほしいんだけど、とくに左翼勢力はわしが肯定した面だけを見て「小林は右翼だ」と言う。右翼も肯定してるほうのわしだけを見るんですね。『大東亜論』では日本がどこでアジアに対する戦略を間違ったかを考えて描いてるんだけど、そっちは見ないんです。

遊就館の歴史の見方

ルオフ　歴史の見方には、いろいろなものが影響を与えます。たとえば宗教が違えば、同じ歴史の事実を見ても解釈が違ったりしますね。いちばん影響が大きいのは、やはり国籍です。同じ戦争でも、たとえば日本人と韓国人では見え方が違って当然でしょう。それは、お互いに受け入れられない見方かもしれません。でも、相手の見方に賛成はしなくても、わかってあげることはできますね。日本人が「韓国人はこの歴史をそういうふうに見るんだな」と理解することはできるでしょう。

小林　なるほど、「わかってあげる」ね。

ルオフ　それから、靖国神社の問題は、靖国神社を滅ぼしたとしても何も解決しないですね。そんなことは僕も望んでいませんが、仮に靖国がなくなっても、中国や韓国は何かほかの道具を使って日本を批判します。

小林　わしが理解できないのは、本来なら神道を信じてないと靖国神社を批判できないはずだ、ということなんですよ。靖国神社はお墓じゃないから、戦死者の遺骨も遺髪も何もなくて、神としての名前が書かれてるだけです。つまり、あそこに英霊がいるというのは、いわば神話みたいなフィクションなわけ。だから神道を信じていない人にとっては、何もないんですよ。A級戦犯を合祀したと言っても、名前を書いただけのこと。それなのに、中国も韓国も「そこにA級戦犯がいるのはけしからん」という。どうしてそこまで英霊の存在を信じられるのかがわからない。とくに中国なんか共産主義なんだから、基本的には唯物史観でしょ。御霊《みたま》の存在なんか信じないはずですよ。

ルオフ　それこそ、靖国神社を日本批判の道具として使っている証拠です。

小林　そういうことですよね。意味ないんだから。

ルオフ　いまはあの空間を使って批判をしていますが、それがなければ別のものを使うんですよ。少なくともアメリカ人の僕個人は、日本人が戦没者を追悼してもまったく傷を受けません。当たり前ですけど。でも、遊就館で展示されている歴史の見方は好きじゃないですね。まったく反省がないし、日本の素晴らしさだけが強調されているから。アメリカにもそういう博物館はありますけど。

小林　ありますよね。ハワイで博物館に行ったら、すげぇなこの国はと思いましたよ（笑）。

軍事博物館みたいなところは、どこも必ず自国のために戦った兵隊たちに拍手するような内容になってしまう。

ルオフ　民間の博物館には自由がありますから、それも仕方がない面はあります。遊就館もそうですね。でも、先ほど言ったように、中国や韓国の見方をわかってあげることはできるはずです。だから、「私たちはこういう見方をしますが、中国や韓国の人々は一般的にこんな見方をします」ということがわかるような書き方をすれば、僕も受け入れられるかもしれません。日本の戦争で被害を受けたアジア各国の見方をちょっと認めてあげる。

小林　なるほどね。

ルオフ　僕が民間博物館の遊就館にそれをやってほしいと思うのは、残念ながら東京に日本の近代史に関する国立博物館がないからなんです。千葉県には日本史に関する博物館がありますが、観光客が行くには遠くて不便ですし、近代史に関する展示はあまり多くありません。東京を訪れた観光客が博物館に行こうと思うと、近代史に関しては遊就館しかないんですよ。だからみんなそこに行って、その展示が日本の公式な歴史観を伝えていると受け止めてしまうんです。

小林　ああ、そういうことか。じゃあ、「ここは基本的に日本人の戦死者を肯定的に見るための博物館です」という立て札でも立てとくか。

ルオフ　総理大臣や閣僚が参拝もするような神社ですから、日本政府が認めた公式な博物館だと誤解されるのも無理はありませんね。実際、そう思っている外国人は多いです。

小林　それは考えたことなかったな。しかし戦争に対する考え方や歴史観を人に説明するのはすごく難しいですね。どこの国も公平にできればいいんだけど、中国も韓国も公平性を欠いているからな。そこがまた問題なんですよ。

ルオフ　日本人が一般の中国人や韓国人の歴史の見方をわかってあげるだけではなく、中国人や韓国人がもう少し冷静に日本人の歴史の見方をわかってあげることも大事ですね。でも日本が戦後の問題を清算しようとするなら遊就館とは違う近代史の国立博物館を作ったほうがいいのではないでしょうか。当然、内容に関しては大きな議論になると思いますが。

小林　教科書問題よりも大変な騒ぎになるね。

ルオフ　コンセンサスを得るのはなかなか難しいと思います。右派も左派も満足しないでしょうし、たぶん中国も韓国も満足しない。でも政府が何らかの近代史博物館を作れば、少なくとも遊就館の展示内容が日本の公式見解だとは思われなくなります。遊就館のような右翼的な博物館はアメリカにもありますけど、その一方で国立のスミソニアン博物館もあるんですね。そちらを見ると、かなり内容が違うことがわかります。

小林　いやいや、スミソニアン博物館も相当ひどいじゃないですか（笑）。エノラ・ゲイなんか展示して、日本に原爆を落としたことを誇ったわけでしょ？

ルオフ　はい、あれは恥ずかしい展示でした。ですから、もちろんスミソニアンも完璧ではありません。ただ、原則として右翼的ではないですね。

小林　だったら、右翼的な博物館はどうなってるんだ。見に行きたいわ（笑）。

ルオフ　右翼的なところは「アメリカは素晴らしい」というだけですが、スミソニアンは国の歴史の汚い部分にも触れています。政府が管理する博物館ですから、アメリカが嫌いになるような教育はしません。でも過去の汚いところにも慎重に触れていますね。

小林　たとえばどんな過去を批判的に展示してるんですか？

ルオフ　戦争中に日系人を強制収容所に入れてしまった歴史については、かなり批判的な展示がありますね。しかし残念ながら、原爆については批判していません。アメリカ人はあの戦争を道義的な戦争だと考えたいので、わざわざ一般市民をたくさん殺したことには触れたくはないんです。とくに戦争を実際に経験した世代は、原爆投下を疑問視すると愛国主義的ではないように感じてしまうんですね。

小林 なるほど、そこはやはり限界があるのか。

ルオフ ですから日本で歴史博物館を作るときも、自分の国を悪く言うだけのものにする必要はないし、そういうものにはならないでしょう。それでも博物館があれば、靖国問題を完全に解決することはできなくても、ある程度は中国や韓国の反発を和らげることができるのではないかと思います。東京には国立の昭和館がありますが、あれはほとんど意味がありません。戦争中のものを展示すると、当時の国民の苦労は理解できるけど、それだけでは戦争がなぜ起こったのかわからないですね。

新しい国立博物館で日本が分裂する

小林 新たに国立博物館を作るのはいいと思うけど、歴史観を国内でどうやって統一するのかが問題。中国と韓国が内政干渉してきますからね。われわれが「新しい歴史教科書をつくる会」を立ち上げたときもそうでしたから。中国と韓国が「あの教科書を検定で合格させるな」という圧力を政府にかけてきたんですよ。それに加えて左翼と右翼も対立するとなると、合意ができるどころか、かえって国家が分裂する恐れすらある。

ルオフ　たとえば韓国にもいろんな歴史博物館がありますけど、最近できた国立韓国近現代史博物館は、政府が管理してる博物館としてはわりと良い博物館です。国内の左派も右派も満足していない博物館ですが、韓国の現代史にある汚いところにも触れています。

小林　たとえば伊藤博文を暗殺した安重根《あんじゅうこん》なんか、韓国では英雄だけど日本ではテロリストですよ。これひとつ取っても、どう扱えばいいのかわからない。伊藤博文をどう評価するかという問題にもなるわけですから、合意は難しいでしょう。こんど渋沢栄一が日本のお札の肖像になるけど、これにも韓国が文句つけています。日本では資本主義を発展させた偉人として評価されてるけど、韓国では違う。ほんとに難しいですよ。

ルオフ　沖縄の住民からも、いろいろな意見が出るでしょうね。でも、その大騒ぎも含めて、そういう博物館の建設は戦後を終結させるひとつの方法になると思います。

小林　それ自体は、わしは反対しませんよ。すでに日本の学者と中国や韓国の学者が合同で歴史観について話し合っていて、その学者同士でさえなかなか合意ができないぐらいだから、難しいのは間違いないけど。

ルオフ　もし実現したら、僕から見るとかなり保守的な博物館になることが予想されますけど、それでも遊就館より何倍も過去を反省する内容になるはずです。

小林　遊就館て、そんなに悪いの？　内容はそうかもしれないけど、そこまで外国人観光客に見られているとは思わなかったわ。日本の歴史に興味のある外国人は、日光江戸村とかのほうが好きなんじゃない？　忍者に会いたいんじゃないかな（笑）。

ルオフ　いや、東京に来て歴史博物館を探す観光客はたくさんいますよ。それでガイドブックを見ると遊就館が紹介されているので、そこに行ってしまうんです。

小林　でも、わしもハワイに行くといつもビショップミュージアムに行くんですよ。あそこはものすごく楽しい。カラカウア王朝の王女がたいへんな美人でね。明治時代に、その王女と日本の皇室のあいだに縁談があったんですよ。それを見たときに「クッソー、なんで結婚せんかったかな」と思ったね（笑）。そのときアメリカがハワイを侵略しようとしてたから、カラカウア王朝は日本に縁談話を持っていったんです。日本に守ってもらおうとしたわけ。でも結局はアメリカが侵略してきて王朝を滅ぼしてしまった。もしそのときに王女が皇族と結婚してたら、アメリカがハワイを侵略した時点で日米は戦争してたね。

ルオフ　クリントン大統領は一九九三年にアメリカがハワイを取ったことについて謝罪しました。もう返す気はまったくない段階ですけど（笑）。

小林　手遅れすぎですよ。もうカラカウア王朝の復活なんかできないんだから。

ルオフ　謝罪はするけど、リゾート地として手放したくはない（笑）。

小林　そりゃそうでしょう。わしもハワイめっちゃ大好きだから、これが日本だったら良かったなと思ってしまうんですよね。沖縄はジメジメしてるけど、ハワイはカラッとしてるから。日本国そのものにならなくても、皇室の親戚筋なら身近なリゾートになるじゃないですか。アメリカなんかに占領されなければ、もっとオリエンタルでエキゾチックなリゾート地になったはずですよ。

ルオフ　小林さんもそうやってハワイの博物館を通じて歴史についていろいろなことを考えるわけですから、やはり外国人に正しい知識を伝える歴史博物館をつくるのは大事だと思いますよ。

第七章
大嘗祭は国費でやるべきか

神の道

ルオフ　靖国神社が神道の施設であるのと同じく、日本の皇室も神道とは深く関わっていますね。とくに宮中祭祀は、神道に偏っています。靖国は民間施設ですが、天皇は国家の公的な象徴ですから、これは政教分離の原則にも触れる問題でしょう。また、日本はこれから人種的にも宗教的にも多様化が進むはずです。ですから今後は、天皇の行事に組み込まれている神道の祭祀についても考え直すべき時期ではないでしょうか。国の象徴が、ひとつの宗教だけを特別扱いしてもよいのかどうか。

小林　ルオフさんの考えは、よくわかります。でもわしは、ちょっと違うと思ってるんですよ。これは外国人にはわかりにくいんだけど、神道は「神の道」と書くでしょ？「神教」ではない。だから、そもそも宗教じゃないんですよ。戦前に一神教のように利用したから勘違いされてしまうんだけど、本来、神道は多神教。たとえばキリスト教やイスラム教は布教して信者を増やそうとするけど、神道はそれをしません。一神教ではないので、信者を世界に広げるような思想はないんです。

それに、神道には教義もない。いわば習俗みたいなものだから、日本人はどこかでそれに入信するわけでも何でもなく、いつのまにか接しているんですよ。たとえば正月はみんな神社で初詣をしてお賽銭を入れるけど、正月そのものがじつは神道に関係がある。年が明けると山から年神様が下りてくるから、それを門松を立てて迎えるんです。でも日本人は自分が神道の習わしにしたがっているとは思ってません。習俗として浸透しちゃってるから、そうとは知らずに自然にやってるんですね。日本人はすべてそんな感じで、たとえばお盆は仏教の行事だけど、みんな仏教を意識せずに、何となく帰省したり盆踊りをやったりしてるんです。いずれにしろ、日本にはどうしても一神教が育たない。だから戦国時代にキリスト教が入ってきたときも、その意味が理解できない。「ご先祖様がキリスト教じゃなかったのに、俺たちだけキリスト教になってしまったら大変なことになる」なんて言って受け付けないわけです。ところが明治時代に神道を西洋のキリスト教みたいに使ったおかげで、イメージがおかしくなってしまった。

ルオフ　残念ながら、対外的には宗教にしか見えませんね。

小林　神道を無理やり一神教のようにして、天皇をその神様にしてしまったんですよ。内務省は「神社は宗教にあらず」と明治三三年に特別扱いしたらしいが、大衆の熱狂ぶりは、まるで宗教扱いだったんじゃないかな？　でもそれは特殊な状態で、本来の神道はそういうものではないんです。

ルオフ　明治以降の神道が特殊なものだったことは理解していますが、やはり僕は神道を宗教として解釈しますね。そして、明治以降の国家神道がまだ残っている面もあると思います。個人がどんな信仰を持つのも自由ですから、皇室のメンバーが個人として宮中の祭祀をするのは問題ありません。でも、大嘗祭のような宗教儀式を国の税金を使ってやるのは危険なことだと思います。

小林　秋篠宮も記者会見で、大嘗祭について「宗教色が強いものを国費で賄うことが適当かどうか」と疑問を投げかけましたね。もっと規模を小さくして、皇室の私費でやるべきだと言っている。

ルオフ　でも宮内庁は「聞く耳を持たない」ということでしたし、右派もそれには反対するでしょう。右派は、できるかぎりかつての国家神道を復活させたいと思っています。

小林　しかし国家神道と言われてもピンと来ないんだよな。さっき言ったとおり、神道には「これをしなければならない」という教養がないから。

ルオフ　たとえば「天皇への忠誠」はある種の教養と言えるのではないでしょうか。

小林　昔はそうだったかもしれないけど、いまや保守派の連中さえ少しも忠誠を尽くしていませんからね。わしがいちばん忠誠を尽くしてるかもしれん。わしは天皇の常識やバランス感覚を信じているから、「承詔必謹《しょうしょうひっきん》」で天皇の気持ちに寄り添って忖度しなければならないと思ってるんですよ。天皇は、時代の先を読むリベラルな感覚さえ持っている。天皇と自分の考えが違うように感じたときは、「天皇のほうがひょっとすると利口かもしれない」と思って、ことさら反対することはないと考えるぐらいですよ。でもそれは日本人として生きる知恵であって、国家神道みたいに上から押しつけられるものではない。大嘗祭を国費でやったからといって、そういうことになるとは思えないですね。もちろん、皇室の私費でやるのはまったくかまわないけど。秋篠宮があぁ言った以上、それは天皇の意志だとわしは思うから。それこそ承詔必謹ですよ。

政教分離の難しさ

ルオフ　いずれにしろ、国家神道を思い出させるようなものをやり続けるのはあまり賛成できません。たとえば宮中祭祀の多くは必ずしも昔からの伝統ではなく、じつは明治時代に作られたといいます。これは現在の日本には合わないので、再考してもいいですね。また、伝統的なものであれば皇室が神道の祭祀を続けてもかまいませんが、その一方で、別の宗教を信じている人たちに対して寛容な行動を取ったほうがいいです。これからは多様化が進みますから、さまざまな宗教を尊重しなければいけません。

小林　それは心配ないと思いますよ。キリスト教だろうとイスラム教だろうと、天皇家の人たちがそれを否定するような行動を取ることは一〇〇パーセントあり得ない。ただ「祈る」という行為は天皇にとって絶対に必要ですからね。祭祀をやめてしまったら、天皇の存在理由がなくなってしまう。津波や地震の被害者の霊も一生懸命に慰めておられるわけだし、日本国民のためだけではなく、天皇は世界の平和のためにも宮中祭祀をやっておられるんですよ。これは祭祀だから、多様化させるわけにはいかない。そこに聖書やコーランも並べたりしたら、これはもうカルト宗教になっちゃいますから。

ルオフ　もちろん、僕が求めているのはそういうことではありません。皇室の人たちがほかの宗教を否定しないこともわかります。ただ、もう少し積極的に行動してもよいと思うんですね。たとえば、日本国内の宗教コミュニティの指導者と年に一度は面会するとか。

小林　それは、やろうと思えばいつでもやれることじゃないかな。他宗教に対して排他的ということはないから、やらないということはないと思いますよ。

ルオフ　そうですか。それはぜひ、これからの皇室の新しい役割として、どんどんやっていただきたいですね。

小林　祭祀についても、もし伝統的ではないものがあるのなら再考してもいいとは思うけど、少なくとも大嘗祭は持統天皇の時代からやられている伝統だし、お米と皇室は関わりがすごく深いので、重要なアイデンティティとして必要だと思います。各地方で採れたお米を食べるというだけの儀式ですから、そんなにお金をかけなくてもできるかもしれない。だけど問題なのは、皇室が使えるお金はものすごく少ないということ。イギリスの王室は自分たちの私的な財産を持っているからいくら贅沢してもいいけどね。

ルオフ　イギリス王室は別荘を買ったりもしてますね。

小林　そうでしょ。でも日本の皇室は何の贅沢もせず、じつに質素な生活をしておられますよ。大嘗祭を国費でやることになっているのも、そもそも皇室にあまりにもお金がないから、政府側の配慮でそうしているだけにすぎないんじゃないかな。予算の面で、皇室は不遇すぎますから。

ルオフ　ほかの民主主義的な国と比較すると、日本はわりと真面目に政教分離の原則を守っている国だと僕は思います。でも大嘗祭は宗教的な要素が強いように感じるので、国費ではやらないほうがよいと思いますね。毎年のように行われる行事なら皇室の負担が大きくなってしまいますが、大嘗祭は代替わりのときだけです。今回もおよそ三〇年ぶりの大嘗祭ですよね。それなら皇室の私費でやってもいいのではないでしょうか。

小林　それでやれるのならば、かまわないと思いますよ。どうしても国費でやらなければいけない理由はないでしょう。ただ、わしは政教分離の原則という概念にちょっと引っかかりを感じてるんです。

ルオフ　ああ、神道は宗教ではないから分離する必要はないと？

小林　それもそうだし、もし神道が宗教だとしても、一般論として、どこまで政教分離を徹底すべきなのかということに疑問を感じます。本当に厳密に分離するなら、アメリカも大統領の就任式で聖書の上に手を置くべきではないでしょう。

ルオフ　それはそうですね。どの民主主義国でも、その線引きは難しい。

小林　とくに民主主義的な憲法の上に君主制を重ねている国では、政教分離を完全に合理的な形で行うのは難しいでしょう。もともとヨーロッパの王室は王権神授説からスタートしてるわけだから。

ルオフ　はい、たしかに権力のルーツが宗教的ですね。

小林　その神から授かった権力を国民に譲ったことになっているわけだから、民主主義という制度の前提に神がいるんですよ。人権だって、神を前提にしないと与えられません。犬や猫や牛にはない権利が人間にだけ認められているんですから。宗教を分離したら、民主主義も人権思想も成り立たない。そう考えたら、政教分離ってどこまでやればいいのかわからないじゃないですか。

ルオフ　たとえば英国はきわめて民主主義的な国なのに、政教分離は曖昧《あいまい》ですね（笑）。

小林　その問題を完全に解決した国はないんですよ。

ルオフ　ないですね。ただ大嘗祭を私費でやることについては、先ほど小林さんもおっしゃったとおり、明仁上皇の意志もきっとあるのでしょう。明仁上皇はこれまでも天皇制のあり方を戦後社会に合うように見直そうとしてきました。大嘗祭の規模を小さくすることも、その流れに沿ったもののような気がします。

小林　それはそうでしょうね。

ルオフ　しかし政治家はそれに耳を傾けません。皇室が望んでいないとしたら、なぜそんなにお金をかけて大々的にやらなければいけないんでしょうか。そうしたがっているのは、安倍首相ですか？

小林　まあ、そういう見立てもできなくはないですよね。改元のときもずいぶん自己アピールしてたから、天皇の代替わりを仕切ることで威厳をつけようとしてるのかもしれません。だいたい、お金のかけ方がおかしいんですよ。大嘗祭では大嘗宮という祭場を仮設するんだけど、それは本来、萱《かや》葺き屋根にしないといけないの。ところが今回はそれを板葺きで造っちゃうんですよね。費用が大きく変わる訳ではないのに、伝統的な形を崩すことになるんです。なんでそんなことするのか、意味がわからないんだよね。これはもう少し調べてみないとわしもはっきりと言えないけど、本来そんなにお金がかかることじゃないんですよ、大嘗祭というのは。

だから、そんなに豪勢なことはやらなくていいと思いますよ。大嘗祭だけは特別に公費（宮廷費）が充てられますが、基本的に天皇家にはお金がなくて、カツカツの生活をしてるのは間違いないから、祭祀の費用まで私費で捻出するのは大変だということはわかってあげたほうがいい。わしなんか、皇后陛下が外国を訪問するときはもっと豪華なアクセサリーをつけて行ってほしいと思うけど、いつもレディとして最低限の質素な格好で行かれるから、その健気さに涙が出てしまうくらいですよ。

紀元節復活運動

ルオフ　ところで日本ではこれまでに二度、保守系の市民団体が天皇に関係する伝統を守ろうとした草の根運動がありました。紀元節の復活と、元号の法制化です。まず元号のほうからお話しすると、これは僕から見ると本当の文化遺産だと思います。僕はＮＨＫワールドの仕事で、元号が平成から令和に切り替わった四月三〇日から五月一日にかけて日本にいました。あのときの街の様子や人々の反応を見ていると、やはり元号は日本の国民を統一する役割を果たしているような気がしましたね。それに、元号は国家神道のようなイデオロギーとも関係がありません。

小林　元号は明治以前から脈々とありますからね。

ルオフ　はい、そうです。近代化が始まってから作られたものではありませんね。グローバリゼーションが進む中で、そういう古くからのローカルな文化遺産を守るのは大事なことだと思います。グローバル化で世界がみんな同じような社会になったのでは、面白くありません。

小林　たしかに、そうですね。元号は日本にしかない。

ルオフ　法制化までのプロセスも、草の根の市民運動から始まる民主主義的な手続きを踏まえていました。その市民運動の手法は、それより前に行われた紀元節復活運動を参考にしたものです。神社本庁などの保守系団体は、おそらく戦後民主主義体制を肯定してはいないでしょうが、運動は民主主義的な手続きを踏んでいたんですね。

小林　まあ、不本意かもしれないけどね（笑）。わし、紀元節復活の運動は、歴史学者の田中卓先生と知り合うまでは知らなかったんだけどいつごろの話でしたっけ？

ルオフ　紀元節を復活させようという動きは一九五一年ぐらいからあって、一九五七年には議員立法で「建国記念日」制定の法案が出されましたが、社会党の反対などで廃案になっています。それ以降も法案の提出と廃案を何度もくり返しましたが、一九六六年にようやく二月一一日を「建国記念の日」とする法と政令が成立しました。でも、この紀元節復活のほうは失敗だったと僕は思います。元号と違って、紀元節は明治時代に決められました。ですから、古くからの伝統というわけではありません。それに、いまの日本人は建国記念の日が何を記念する日なのかほとんど知らないでしょう。神武天皇が即位した日とされていることを、どれだけの人が理解しているかわかりません。僕は日本の大学生に質問したことがありますが、「日本がアメリカから独立した日」など、信じられない答えがいろいろと返ってきました（笑）。

小林　それは、知らんほうがまともやね（笑）。その時代に天皇なんか存在しなかったんだから。

ルオフ　でも右派は神武天皇の即位日だと信じて、戦前の紀元節と同じようにお祝いしていますね。これは国家神道のイデオロギーとつながっているので、それを受け入れる国民は多くありません。だから政府としても、右派と同じような祝い方をするわけにはいかず、しかし何を祝えばいいのかもわからないので、別の祝い方もできませんでした。結局、国民を統一する上では何の役にも立っていないのではないでしょうか。

小林　そもそも「建国記念日」じゃなくて「建国記念の日」ですからね。そこに「の」が入るだけで、ニュアンスが違う。二月一一日が建国の日だという根拠はないから、記念日と呼ぶわけにはいかないわけでしょ。いつだかわからないけど建国はされたんだから、それをこの日に祝いましょうという話。「記念日」じゃなくて「記念する日」なんだよね。政府としても、神武天皇の即位を史実として認めることはできないから、「の」を入れることでワンクッション置いたんですよ。アメリカにも建国記念日はあるんでしょ？

ルオフ　七月四日が独立記念日ですね。

小林　イギリスから独立した日ということか。それと同じように、日本にも建国記念日があってもいいだろうということなんだけど、それがいつなのかは歴史学的には厳密にはわからない。前に話したように、「倭」という屈辱的な名前を忌み嫌って「日本」という国号ができたのは持統天皇のときで、何月何日なのかはわからないですよね。

右派のアナクロニズム

ルオフ　僕も建国記念の日に必ずしも反対しているわけではありません。ただそれが戦前の紀元節と結びついているのが問題だと思います。

小林　紀元節という言葉自体はもう復活しないでしょう。

ルオフ　しかし二月一一日が何の日かと聞かれたら、神武天皇の名前を出すしかありませんね。その即位日を紀元節と決めたのは明治政府です。でも、それはいまの日本では通用しません。アメリカの独立記念日にはパレードなどが賑やかに行われますが、日本ではそれがありませんよね？

小林　民間で式典とかやってるらしいが、わしは知らないんだよ。

ルオフ　なぜ政府主催の行事を何もやらないかというと、右派は紀元節を復活させようとしたけれど、政府も国民もそれを受け入れることができなかったから、妥協の結果、何もしない習慣ができあがったのでしょう。これはちょっと変な祝日ではないですか（笑）。

小林　なるほど、そういうことか。それはルオフさんのおっしゃるとおりです。紀元節復活運動は、要するに戦前に戻りたい右派のアナクロニズムなんですよ。それに反対してたのは、ヒゲの殿下のお父さんの三笠宮殿下。だから紀元節復活運動をやっていた歴史学者の田中卓先生が、三笠宮殿下に抗議文を書いたりしています。田中卓は右派を代表する立派な先生で、わしも尊敬してるんですよ。だから皇族に抗議文を書いてまで建国記念の日を実現したのはすごいことだと思ってたんだけど、考えてみたらその日、何にも行われてないもんね。

ルオフ　みんな休みだからスキーに行きますね（笑）。

小林　やっぱり、日本人の本来の習慣じゃなかったから根づかないんだよ。明治のときに無理やり紀元節を作ったけど、もうそれが学説的に成り立たないことがわかっちゃってるから、その日に何をやればいいかわからない。

ルオフ　やることがはっきりしているのは「神武天皇病」の人たちだけですね。

小林　そういう超アナクロニズムの人は橿原神宮に行ったりするのかもしれないけど、それは史実じゃないから、信じていないいまともな人間にとってはどうにも祝いようがない。

ルオフ　紀元節復活運動を研究していたとき、知り合いに紹介してもらって、神社本庁に行きましたが、彼らは僕が運動に興味を持っていることを喜んでいました。それで、大きな箱いっぱいの資料をくれましたね。それを当時所属していた北海道大学に持ち帰ったら、「敵の資料を持ってきたのか」と、なかなか興味を持ってその資料を読んだ先生もいました。

小林　学術的に研究するだけなのに、その運動に賛成していると思われちゃうわけね。

ルオフ　そうです。左派が正しいと考える草の根民主主義的な手続きを右派がしているという僕の分析に対しても、すいぶん抵抗がありましたね。日本だけではなく、アメリカでもそうです。右派による草の根運動は不可能だと思われていたのでしょう。でも、建国記念の日も元号法制化も、右派の草の根運動によって実現しました。この事実は、ファシズムを考えるときにも大事だと思います。多くの人は「ファシズムは上から押しつけられるものだ」と考えていますが、そんな証拠はありません。草の根の市民運動と民主主義的な手続きからファシズムが生まれることもあります。いま民主主義的な国で暮らす人々は、そのことを忘れてはいけませんね。

第八章

天皇に人権はあるか

皇室への尊敬の念が高まってきた理由

小林　さっき天皇家にはお金がなくて気の毒だという話をしましたが、それ以前に、日本の皇室にはそもそも人権がほとんど与えられていませんよね。これについてルオフさんはどうお考えですか。

ルオフ　それも難しい問題ですね。日本の憲法と天皇制とのあいだには大きな矛盾があります。戦後憲法は個人の自由を強調しますけど、天皇の地位は国民の総意に基づくものなので、天皇は国民の支持を得るために頑張らなければいけません。国民主権によって天皇の自由が制限されています。ある記者が街頭で一般の日本人に「宮内庁は皇族の自由を制限していると思いますか?」という質問をしたら、みんなが「はい」と答えていましたが、それは嘘ですね。自由を制限しているのは、主権を持つ国民です。皇族が国民のために頑張らず、自由に好きなことをやっていたら、支持されませんから。

小林　たしかに、そうですね。

ルオフ　そこで問題なのは、天皇自身が積極的に公務を果たしているように見えると、人権が奪われているように感じられないことです。いまの明仁上皇は、天皇だったとき、積極的に行動しているように僕には見えました。自由が制限されているというよりは、自分に与えられた特別な名誉のおかげで、一般人にはできないこともできる。それによって積極的に世の中を改善しようとしていたように見えるわけです。でも、公務を積極的にやりたいかどうかは個々の皇族によって違うでしょう。そういう意欲はない場合は何もしなくてもいいという仕組みにしたほうがいいと思いますね。

小林　右派は、皇室が国民の支持を得るために人気取りに走るような状態は良くないし考えるんですよね。彼らは天皇をロボットでいいと思っているから、国民の顔色なんか見る必要はないし、そもそも国事行為以外の公務なんかする必要はないという。国民の支持は不要で、ただ祭祀だけしていいと思ってるんです。極論すれば、皇統をつなぐ「血の器」であればいいという話なんですよ。

ルオフ　ロボットなら、人権を考える必要はなくなってしまいますね。

小林　しかし一方で、主権者の支持を集めるために国民の顔色を一生懸命にうかがいながら行動するのが良いことなのか、それとも哀れなことなのかという問題がある。いまは本当に国民に支持されるためにかなり頑張ってる状態ですよね。わしとしては、それはやっぱり良いことなんだろうと思いますよ。たとえポピュリズムと言われようと何だろうと。いま天皇を尊敬する国民感情はこれまででもいちばん高まっていますから。仮にそれがポピュリズムだとしても、天皇や皇室は国民の悪い欲望に応えてるわけじゃありません。良い欲望に応えてくれているなら、それは良いことでしょう。祭祀だけやっておけばいいということになったら、国民統合の象徴にはなれない。だから、天皇が象徴としての行為を自分の主体的な意思で拡大してきたことをわしは尊敬します。ロボットにはならないという強い意志を感じますね。だからこそ皇室への尊敬が高まってきたんです。

ルオフ　はい、賛成です。

小林　ところが、天皇制そのものに反発する左はもちろん、右の側も天皇が自由に行動することを自体に反発を覚えている。慰霊の旅にしても、自称保守派は面白くないんですよ。だけど天皇がやってることは結局どれも良いことばかりだから、わしはそれでいいと思う。右も左も憲法違反と言うけど、そんなことはないでしょう。

国民のためだけに尽くす自由

ルオフ　そうですね。そういう影響力を持てることは、自由と同じように人間にとって大事ですね。たとえば僕が「障害者ができるかぎり普通の生活ができるようにすべきだ」と主張しても誰も話を聞かないでしょう。影響力はとても小さいですね。でも天皇がそれを言えばみんな聞きます。すごく大きな影響力を持っています。

小林　たしかに。日本では誰よりも影響力は大きいですね。

ルオフ　でも、その立場になりたいかどうかはまた別の話です。僕は前に妻とこんな話をしたことがあるんですよ。昔は一般の女性が外国に行く機会があまりなかったし、美味しいものを食べることもなかったから、皇太子と結婚することは多くの女性にとって魅力的なことだったかもしれない。でも、いまの時代はそういうことに魅力を感じる人はいませんね。でも妻が言うには、「国に尽くしたい女性にとっては良い結婚相手だ」と。

小林　ああ、なるほど。

ルオフ　だとすると、雅子さまのようなキャリアウーマンが当時の皇太子と結婚したこともよく理解できますね。不思議に感じる人も多かったと思いますが、むしろ自然なことだったかもしれません。お父様も外交官でしたから、雅子さまは小さいころから日本という国に尽くしたいと考えていたのではないでしょうか。

ところが悲惨なことに、皇太子妃になると子どもを産む「子宮」として見られてしまいました。たぶん雅子さまは、それまでの人生でほとんど失敗というものがなかったでしょう。でも皇室に入ったとたん、自分ではコントロールできないことなのに、男の子を産まなかったことを失敗と見なされています。おかしなことですね。でも皇后になられて、ますます皇室外交などを通して世の中に影響力を発揮できるようになれば、たとえ自由はなくても、魅力的な立場になるかもしれません。僕は、自分の行きたいときにスターバックスに行って、大好きな抹茶ティーラテを飲むことができない生活はイヤですけど、いまよりもっと影響力が持てるなら、それも悪くないかもしれません（笑）。

小林　わしはイヤだなぁ。なにしろ憲法で規定されている基本的人権がほとんど制限されていますからね。職業選択の自由も、居住の自由も、言論の自由も何もない。ヨーロッパの王室なら、好きなときに自転車でふらっと街に出てスターバックスにも立ち寄れるだろうけど、日本の皇室はそんなの無理。映画だって、何でも好きなものを観られるわけじゃないでしょ。吉永小百合が出てる文科省推薦みたいな立派な映画しか観られないなんて、わしにとっては地獄ですよ（笑）。わし、人の善良さだけを描いたような映画なんかまったく観に行きたくないからね。『ヴェノム』みたいに思いっきり悪を描いた映画のほうが好き。でも皇室はそんなの観られない。テレビも制限されるだろうし、マンガも自由には読めないわけだからね。もし芸術やスポーツのものすごい才能があったとしても、それを活かせない人生になってしまうわけでしょ。とてつもない人権制限だと思いますよ。転居はおろか、ハワイみたいなリゾート地に行くこともできない。あんな森の中にずーっしいたら、わしだったら気が狂うと思うわ。

ルオフ　その代わりにものすごい影響力が与えられてもイヤですか。

小林　影響力といっても、天皇や皇室が持てるのは象徴的な影響力になってしまう面がありますからね。やはり具体的な政策なんかは語れないわけで。そう考えたら、やっぱり自由を選びたいですよ。自由人だって、ルオフさんなんかは世の中に影響を与える側にいし、日本でも大佛次郎論壇賞という影響力の大きい賞をもらってるでしょう。

ルオフ　まあ、言いたいことが言える立場ではありますね。

小林　言えるだけじゃなくて、その言論に感化される人間がいれば、時代そのものを微妙に変えていくこともできるじゃないですか。実際、わしだってルオフさんの本を読んで感化されたことはいくつもありますよ。

ルオフ　それは嬉しいですね。

小林　そのルオフさんの言論に感化されたわしがまた言論を展開すれば、影響力はつながっていきますよね。ルオフさんもわしも、そうやって言論の自由を謳歌している。自分で自由に研究して発表する人間がいて、多くの人がそれに影響されることで、全体の時代ができていくわけです。そういう意味では、天皇はもっと大きな影響力を行使しないとわりに合わないんじゃないかな。それこそ首相にバンバン意見を伝えるオーディエンスはやったほうがいい。

ルオフ　前にもお話ししましたが、いまの上皇ご夫妻は国内でいちばん弱い人々に手を差し伸べてきましたね。その跡を継いだいまの天皇ご夫妻は、水不足の問題などで、世界の弱い人々に手を差し伸べようとしていると思います。日本では誰もが当たり前に毎日きれいな水にアクセスできますが、世界では七人にひとりがそれをできずに困っているんですね。自分に与えられた名誉を使って、そういう面で人々の生活を改善するような影響力は、一般人には持てません。そういう仕事ができれば、自分の生活に自由はなくても、ある程度の満足感が得られるのではないでしょうか。

小林　なるほど、そういう部分は。

ルオフ　うん、せめて使命感みたいなものは持たせてあげないと、自由が制限されていることと釣り合わないですよ。われわれはその自由を持っている上に、何らかの影響力を発揮しようとしてるんですからね。

小林　しかし皇室には、プライベートな自由がない。国民や世界のためだけに尽くす白由はある。そんな暮らし、わしはとてもじゃないけどできませんよ。だからオーディエンスのような発言の場ぐらい与えて、使命感を持ってもらったほうがいい。一般人には首相に向かって自分の意見なんか言えないんだから、国民の象徴としての権威を持つ天皇にはそれぐらいの役割があっていいと思いますよ。

退位の自由は認めるべき

ルオフ　皇室の人権そのものを広げることについてはどうお考えですか？

小林　それはすごく難しい問題なんですよね。

ルオフ　僕は今回の代替わりを見て、少なくとも退位の自由は認めたほうがいいと思いましたね。

小林　それは絶対に必要でしょう。天皇が自分の体力や皇太子の年齢などを考えて、「いま譲らないと次の天皇が自分の使命を果たせない」と考えて退位を選んだわけで、今後も同じようなことは十分にあり得ます。今回は特例法で対処したけど、退位する自由は基本的に認めないとダメです。どうあっても辞めさせないなんて、ムチャクチャすぎる。

ルオフ　退位の自由を認めたら、即位を拒否する自由も認めることになりますか？

小林　それも認めていいと思う。

ルオフ　僕もそう思います。ただ、いまは皇位継承者が少ないのが困りますね。

小林　それでも、本人が即位したくないと言うなら、もう終わりですよ。嫌がるのを無理やり即位させても、どうしようもない。

ルオフ　いまの天皇はわりと積極的だったと思うので、問題はありませんでしたけどね。

小林　でも、これから先、みんなが即位に積極的かどうかというのはわからないですよね。それでもわしは退位の自由も即位しない自由も認めますよ。保守派は即位を拒否する自由を認めたくないものだから、今回の生前退位も認めようとしなかったんだけどね。それは天皇をずっとロボットのままにしておきたいという意思の表れですよ。

しかしわしは、天皇はやっぱり国民と共にあると思うんです。だから国民も天皇の気持ちをちゃんとわかって、それに応えなければいけない。そうなれば天皇も「やっていて良かった」と思ってくれるでしょう。だからわしはいつも「やっていただいている」という気持ちが国民にないと皇室は続かないと言ってるわけね。天皇と国民がお互いの気持ちで支え合わないといけないです。「退位の自由も即位しない自由もダメだ」なんて制度で縛っても意味がないよね。それでは奴隷にしてるのと変わらないんです。

ルオフ　明仁上皇はとくに積極的な天皇でしたが、あれほど積極的な象徴天皇ではなくても、たぶん国民には尊敬されますね。明仁上皇は戦後憲法の下で即位した最初の天皇としてひとつのモデルを作りましたし、それがこれからも受け継がれていく部分はあるでしょうが、必ずしも同じようにする必要はありません。次の天皇が「そこまではできない」という立場を取っても、国民はわかってくれると思います。

小林　過去には天皇に対する国民の尊敬や支持が低い時代もあったんですよ。それはべつに反発心を持っているわけではなくて、そもそも興味がない。アンケート調査をすると「無関心」という回答が高いパーセンテージを占めていたんです。早朝に「皇室アルバム」というテレビ番組があったんだけど、それも極端に視聴率が低かった。関心がないから、誰も観てなかったんですね。そういうときには、宮内庁も何とか関心を持ってもらおうとして、芸能人を呼んで在位十周年、二十周年の行事をやったりしていましたよ。

関心が高ければいいというものでもなくて、いちばん世間の注目が高まるのは週刊誌が皇室バッシング記事を載せたとき。これは売れるんです。しかし皇室の好感度が高まるような記事をいくら載せても、全然売れない。一般読者は愚劣ですから、スキャンダルが大好きなんですね。だから雅子さまも延々と嘘ばかり書かれて、病気になってしまったほどでしょ。そういう一般国民の反応は怖いから、美智子さまも雅子さまも一般の新聞から女性誌まで全部に目を通されますからね。そうやって国民の目を気にしながら振る舞わなければならない。どんなに品行方正に暮らしていても、嘘を書くからね。恐ろしいですよ。美智子さまが自衛官の制服が嫌いだとか、根も葉もないデタラメを書いた奴もいましたから。そんなことされたら国民の支持が下がっちゃうんだから、皇室も大変ですよ。

ルオフ　美智子さまは自衛官の制服が嫌いだという記事があったんですか。

小林　ありましたよ。花田紀凱が編集長だった時代の週刊文春。もっと酷いこともたくさん書いてましたね。だから一時期、失声症になったりしたんですよ。そういう理不尽なバッシングもあるから、国民に支持されるようなことを必死でやらざるを得ない面もあるのかもしれない。雅子さまにしても、トランプ夫妻が来日したときの振る舞いが世間で人評判になって、評価が大逆転しましたよね。自分から積極的に努力しないと、国民の支持を高められないということですよ。放っておいたらバッシングばかりになって、何もわかっていない国民に「税金泥棒」なんて言われかねない。

ルオフ　バッシングがあっても、言論の自由を抑えることはできませんからね。イギリスの王室は、日本よりもっと酷いです。セックス・スキャンダルも書かれますから。

小林　もちろん報道を抑えることはできないんだけど、皇室のほうは言論の自由がないから、何を書かれても反論できないのが気の毒ですよね。

ルオフ　イギリス王室は反論しようと思えばできますね。ほとんどしませんが。

小林　わしはあんなにデタラメを書かれたら反論せずにはおれないからね。それができない立場には絶対になりたくないわ（笑）。

皇室は近代社会の原則と合わない

ルオフ　王室の役割や自由度は、その国の人口によっても違います。たとえばデンマークの人口は、五八〇〇万人程度。そのくらいだと、女王が全体の一割の国民と接触するのもそんなに大変ではありません。それだけ国民と近いところにいるので、役割も少なく、いろいろな自由がありますね。

小林　そうか、そこはだいぶ違いますよね。東京都の半分ぐらいしか人口がいないんだったら、そんなに頑張ってアピールしなくても国民に愛されやすい。

ルオフ　日本は一億三〇〇〇万人もいますから、一割の国民と接触するのは大変です。その分、国民との精神的な距離を縮めるのは難しい。明仁上皇は、皇太子時代から日本地図の自分が訪問したところに印をつけていました。できるだけ多くの国民と触れあいたいという気持ちの表れでしょうね。

小林 そう考えると、外国の王室とはいろいろ状況が違うんだな。

ルオフ イギリスの王室と比べると、先ほども触れましたが、やはり使えるお金が日本の皇室は少ないですね。イギリス王室はお金持ちです。ある意味でお金は自由と関連しますから、イギリス王室のほうが自由度が高いと言えるでしょうね。でも日本の国民は、皇室に多くのお金を与えることに賛成しないと思います。

小林 そうそう。眞子さまと小室圭さんの縁談が気に入らない奴らからは、「結婚したら税金から一億円もの一時金が出るんだから、どんな相手でもいいわけではない。勝手に結婚するのは許さない！」みたいな論調も出てくるんですよ。酷い話ですよね。あの一時金は、皇籍を離脱してからもある程度の品位を保てるだけの経済状態を保証するために出すんだけど、わしは賠償金だと思ってますよ。生まれたときから自由を制限されて、ふつうの若者みたいに何度も恋愛をくり返すこともできないんだから。

そういう人権侵害を国民がやってきたことに対する賠償金ですよ。自分たちが人権侵害していることも考えずに、一時金を盾に「その結婚は許さない」なんてふざけたことをほざく奴には、おまえは税金いくら払ってるんだよと言いたくなる。いくら国民主権とはいえ、皇室に対する態度が尊大すぎます。おまえらごときに主権を与えたくないんだよ！という感じ（笑）。

ルオフ　たとえばオランダなどの王室でも、国民が結婚相手に文句をつけることはありますね。王室に誰が入るかは重要な問題ですから。でも「税金を使うのだから勝手なことは許さない」とは言わないかもしれません。もちろん、ヨーロッパでは外国人と結婚するのも問題ありませんね。いまのオランダ国王の奥さんはアルゼンチン出身です。そのお父さんが軍事政権で大臣を務めていたので反対する声もありましたが、外国人だから反対されたわけではありません。また、イギリスのヘンリー王子の結婚相手メーガン・マークルさんは白人と黒人のハーフですね。

小林　しかもアメリカで活躍した女優でしょ。女優と結婚できるということは、そういう出会いがあるわけですよ。そこだけ見ても、日本の皇室より自由ですよね。女優と出会って恋に落ちて、結婚するまでデートを重ねるなんて、日本の皇室では絶対にできない。それだけ自由を制限されていても、使命感をもってパブリックな仕事に情熱を燃やしてくれるんだから、こんなにありがたいことはないですよ。もともと持っている価値観が、常人とは違うんでしょう。国や社会や人類のために良い影響を与えたいと思っている。世の中の人間はそんなことほとんど考えませんよ。ひたすら自分が安楽に暮らしたいと願うのが九九パーセント。みんな、できればダラダラと美味いもの食べて自堕落な生活をしていたい。でも皇室の人たちは、不自由を不自由とも思わず世の中に尽くしたいのよ。

ルオフ　ちなみに、うちの妻の姉はカトリック系の修道女です。もちろん生まれつきではなく、主体的にその道を選んだので皇室とは違いますけどね。僕には死ぬまで理解できない生き方ですが、彼女は神様を通していろいろな人々に尽くすことが好きなんです。それによって満ち足りた気持ちになれる。修道女にはさまざまな規則があって、自由に旅行はできないし、家族とも年に一度、一週間ぐらいしか会えません。でも、そういう仕事が嬉しいみたい。

小林　禁欲的ですごい人だ。確かに宗教的な人は、そういうタイプの人はいますよね。わしの中にも、ほんのささやかですが、それはあるんですよ。そのへんが、男系に固執する自称保守派と違うところ（笑）。彼らは、日本という国家に自分を重ねてしまって、とにかく「強ければいい」という感覚なんです。それが快感なわけでしょ。しかしわしの場合は、なるべく差別のない社会をつくりたい、なるべく良い国にしたいという感覚があるわけ。これは親父の影響なんです。わしの父親は共産主義者で、いつも「平等がいい」とばっかり言ってました。それに加えて、わしの母親はお寺の娘だから、住職のじいさんが信者に説教したり悩みを聞いたりする姿も見て育ったんですね。だからわしの中にも、人々を救いたいという感覚がどこかにあるわけですよ。

そういうパブリックな志があるから、「どうすれば偏狭なナショナリズムを乗り越えられるだろうか」といったことも考えようとする。それと同時に、まったく堕落しきった享楽的な感覚もわしの中にはあるんだけど、皇室の場合はそのパブリックな気持ちが大きくなって「自由も何も全部いらない」となってる感じですよね。だけど一般人って、何にもないですよ、そういうパブリックな感覚。自分と自分の身の回りの生活だけが良ければいいという人ばっかり。

ルオフ　首相も在任中はそれなりに自由が制限されますね。もっとも、これも自分で主体的に選ぶ道なので、皇室とは違いますが。

小林　しかし政治家を見たら、ほんとに世の中のことを考えて選んだのかと首をかしげたくなる奴らばっかりですよ。いちばん大きな動機は権力欲でしょ。議員にさえなってしまえば、みんな「先生、先生」と尊敬してくれる。

ルオフ　初めて日本人が政治家を「先生」と呼ぶのを聞いたときは、とてもびっくりしました。先生というのは、ほんとに尊敬される人のことですから。もちろん尊敬される政治家もいますけど、政治家ならみんな「先生」というのは奇妙な感じがします。

小林　代議士同士でお互いに「先生」と呼び合ってますからね。で、先生と呼ばれる立場になってからは党内での権力闘争に邁進して、最終的には首相にまでなるわけです。するとこんどは、勝ち取った権力の座を守るための戦いが始まる。常に解散を匂わせながら、野党の悪口ばっかり言うわけです。国民のために消費増税をやめたり、大企業の課税を増やしたりすれば、自分の支持基盤に反対されるからできない。原発が危険だとわかっていても、献金してくれる電力会社の言いなりですよ。結局、いつまでたっても社会全体のことは考えない。自分の権力を維持することだけが目的化するから、国民ではなく企業の顔色を窺うだけの権力が完成してしまうんです。要するに、政治家が求めているのは世の中を良くしていく快感ではなくて、権力を維持する快感なんですよ。

だから日本では、パブリックマインドを極めて限られた人間しか持っていない。一般庶民にはそんな余裕がないですからね。自分が食っていくことだけで精一杯という状態。そんな世の中で、あそこまで自分自身の欲望を抑えて人に尽くすことだけを考えられる天皇は神様みたいな人ですよ。ただただ敬意しかない。それが天皇の存在意義だと思うから、単なるシステムとしてロボットのように何もさせずに続けていくのが正しいとはまったく思えませんね。

ルオフ　しかしそのために基本的人権を奪ってしまうわけですから、皇室や王室には近代社会の原理原則と合わないところがありますね。

小林　それはそうなんです。たしかに、近代主義とは合わない。だからわしは、ほんとに申し訳ないと思いながら、すごくわがままな気持ちで存続させて欲しいと思ってるんです。まことに申し訳なく存じますが、社会や国民全体を良くするためにやっていただけませんでしょうか、というぐらいの気持ちですよ。

公務への思い

ルオフ　人権の問題に関して言うと、修道女にしても政治家にしても、自分で選んだ道だから自由が制限されても耐えられるわけです。だから天皇も、その家に生まれることは選べないけれど、大人になったら本人が継承者になることを拒否できたら、人権の問題の八〇パーセントぐらい解決すると思います。誰でも、子どものときに自由がないのは同じで、親がいろいろなことを決めてしまいますが、大人になったら自分で選ぶことができますね。皇室に生まれた人も、天皇の役割を果たすのが自分にとって面白くないと思ったら拒否できる権利があれば、ふつうの人と同じになりますね。

小林　それはあるね。歌舞伎の世界もそうですよ。梨園に生まれたら、子どものときから歌舞伎役者になるための訓練をされる。その結果、自分の意思として「父ちゃんを超える歌舞伎役者になりたい」と思うようになるわけでしょ。大人になったときに「やっぱり歌舞伎役者は辞めた」という人は滅多にいないけどね。幼少期にそういう生き甲斐を覚えてしまうから。その意味で、歌舞伎役者の子どもは一般の子どもに比べたらずっと自由の幅が狭いとは言えるでしょう。伝統の継承とはそういうものなんですよ。だから皇室も、継承者になるのを拒否する人はほとんどいないとは思いますよ。しかしたとえ形式的ではあれ、自分の意思で選ぶことができるかどうかというのは、たしかに人権を守る点で大きな違いがあるかもしれません。

ルオフ　歌舞伎の家の子どもたちはたしかに自由の幅が狭いと思いますが、貧乏な家で生まれた子どもも自由があまりないですね。貧しいと、将来の選択肢が限られてしまいます。そういう人たちと天皇家を比べた場合、どちらがより自由の幅が大きいのか、ちょっと判断しにくいですね。

小林　それはたしかにそうだ。たとえば「眞子さまが小室家に嫁いだら、夫にあまり収入がないから不幸になるんじゃないか」という奴らがいて、わしはそれに反論するために、「いや人間には落ちぶれる自由もある」と言ったんですよ。自分でそれを選んだなら、他人からとやかく言われる筋合いはない。しかし生まれた家が貧しいのは、自分で選んだわけじゃないからね。「自由とは何か」というのは、非常に難しい問いです。

ルオフ　どんな家に生まれるかは運ですから、仕方がないですね。

小林　それはまったくそうですよ。人間は最初から平等で自由な存在として生まれてくるわけではない。不自由で不平等に生まれてくる。それをどう乗り越えられるかを生まれた後に試されるわけだけど、いまの社会の状況では生まれたときの運不運がそのまま続いてしまうからね。学歴の高い家庭の子どもの学歴が高くなるし、金持ちの家に生まれれば金持ちになるという形で、階層が固定されてしまう。昔のアメリカで黒人がなかなか白人と同じスタートラインに立てなかったのと一緒でね。

たとえば東大に入るのは、父親が高収入で母親は専業主婦という家庭の子が多いそうですよ。家にいつも母親がいて、台所に近いリビングで勉強する子の成績がいちばん伸びるんだって。そんなの裕福な家庭にしかない環境だからね。とてつもなく不公平な社会になってしまったんですよ。昔は貧乏でも一生懸命に新聞配達しながら努力して東大に入る人がいたけど、それはもう無理。スポーツ選手だって、最初から裕福な親がエリート教育をやったような子どもがオリンピック選手になる。浅田真央ちゃんなんかも、小さいころから豪華な衣装を作ってもらって、専門のコーチやトレーナーをつけてもらっていたわけでしょ。最初のスタートラインが不公平になっちゃってるんですよ。貧乏人は報われない社会になっちゃった。

ルオフ　おかしな話かもしれませんが、いまの格差社会を考えると、もし本当に貧乏な家に生まれていたら、「天皇家に生まれたほうが良かった」と思うかもしれませんね。

小林　貧しいと、自由よりもお金と住む場所と毎日の食べ物のほうが大事だから、そりゃあ、食べ物にも住居にも苦労しない天皇家は羨ましく見えるでしょう。だから、これだけ経済格差が激しくなると、皇室が「税金泥棒」なんて言われることにもなってしまう。

ルオフ　明仁上皇やいまの天皇のように積極的に公務をしていれば、そういう批判は出ないでしょうね。

小林　主体的に自分でやろうと思ったことをやっていますからね。いまの天皇も、自分なりの使命感を果たそうという気持ちが漲《みなぎ》っている状態だと思いますよ。でも、だからといって、国民の側が「やりたいことができているんだから、人権がなくても幸せだろう」と言って良いのかどうか。

ルオフ　たぶん明仁上皇は退位する前の二〜三年のあいだに、国の象徴としての天皇のお務めとは何かということを、いまの天皇に積極的に教えようとした気がしますね。結婚六〇周年の記者会見では、涙を浮かべながら「いつも自分の務めを優先してくれた」と美智子さまへの感謝を口にしていました。それだけ、天皇としての公務への思いが強かったのだろうと思います。

第九章 ハーフの天皇

女帝問題

ルオフ　先ほど、皇室や王室は近代社会に合わない面があるという話をしました。しかしそれでも、明仁上皇は平成の三〇年のあいだに、天皇制をできるだけ戦後の社会に合うように直したかったのだと思います。たとえば生前退位の話が出る前から、秋篠宮は定年制の導入を口にしていました。昔の社会よりも寿命が長くなっているから、定年制がないと高齢の天皇がいつまでも在位しなければならないということです。

小林　おそらく、昭和天皇の崩御までの経験も関係してるでしょうね。前年の暮れから下血と輸血のくり返しで、その量がいちいちテレビで報道されていた。あまりにも輸血量が多すぎて、これではもう皇族の血は残ってないんじゃないかと言いたくなるぐらいでしたよ。本当に酷い扱いだったんだけど、あれは間違いなく崩御のタイミングをまわりが考えていたと思うんですよね。新年早々、元日に崩御させるわけにもいかないじゃないですか。最後のほうは、体が真っ黒になっていたそうです。ふつうはそこまでやらないレベルの延命だったんでしょうね。ほとんど人間扱いしていない。それもあって、上皇は生きているあいだに退位したいと思ったのでしょう。そうしないと、最後の最後でみんなに迷惑がかかってしまうと考えたんじゃないかな。

ルオフ　しかし政治家は皇室の言うことをあまり聞きませんね。明仁上皇は二〇一〇年にはすでに退位の意向を持っていましたが、政府は無視しました。

小林　そういうのもイギリス流のオーディエンスがあれば話が早いんですよ。安倍首相と議論したら、天皇は絶対に負けませんからね。生前に譲位すべきであることを主張して譲らなかったはずですよ。それをやったからって、戦前に戻るようなことはありませんから。天皇が持っている知恵をちゃんと利用しないといけない。

ルオフ　明仁上皇の意向を知っていたのに政府が何も動かなかったから、あのビデオメッセージを通して国民に直接訴えることになったわけですよね。政府がそれまで何もしなかったのは、やはり女帝の問題に発展するのを心配していたからでしょうか。

小林　そうでしょうね。生前退位を認めるには、本来は皇室典範を変えなければいけない。そして、皇室典範の改正を議論し始めれば、確実に女性天皇、女系天皇の問題が発生してしまう。だから一切、皇室典範には手を付けたくないんでしょう。だから本当は退位もさせたくなかった。とにかく女帝問題を避けるために延命させせようとしていたんですよ。わし、じつはその件で数年前に宮内庁長官に呼ばれたことがあるんです。審議官もそこにいて、その問題を話し合ったの。わし、自分の漫画の中で男系派のことを「ノイジーマイノリティだ」と描いてたんだけど、宮内庁の人もそれを読んでるらしくて、同じ「ノイジーマイノリティ」という言葉を使うんですね。完全に話が合ってしまうし、彼らの話を聞いていれば、何が天皇自身の意思なのかもわかるんです。彼らとしては、政治家が天皇の言うことを聞かないから、国民にその意思を伝えて世論を盛り上げるために、わしみたいな漫画家に相談せざるを得なかった。わしの『天皇論』（小学館）は二〇万部ぐらい売れたから、影響力があると思ってメッセージを伝えに来たわけですよ。そんなこともあったから、わしはますます「これは絶対やらねばならぬ」と思ったんです。その前に渡辺允《まこと》元侍従長が田原総一朗のテレビ番組の中で「女性宮家創設をしてくれ」ということは話したんですよ。でも動かなかった。それで結局、政治家も頼りにならないということで、わしごときの意見を聞くことにまでなってしまった。国民に広く問えばわかってもらえる話なのに、男系に固執するノイジーマイノリティの声に負けていたわけです。

ルオフ　民主主義を深く研究している専門家によると、熱心な少数派は消極的な多数派を破ることが多いようですね。

小林　民主主義は多数決なのに、数は少なくても熱心なほうが勝つんですか。

ルオフ　はい。世論調査を見ると、日本人の八割ぐらいは女帝を肯定していますけど、それを熱心に支持しているわけではありません。それに対して、反対派は少数ですが熱心ですね。政権に対して強い態度で文句を言います。だから安倍首相としては、その熱心な反対派が怒らないように物事を進める。だから熱心な少数派に負けないぐらい多数派が熱心に行動しなければ動きません。そこで僕が不思議に思うのは、なぜ日本の女性たちが首相官邸の前で「女帝を認めなさい」というデモをしないのかということです。日本の女性は、天皇制の問題にあまり興味がないように見えますね。

小林　フェミニストは基本的に左翼だから、天皇制そのものが気に入らないでしょうね。

ルオフ　でも天皇は日本という国の象徴ですから、そこで女性の役割が広がれば、フェミニストにとっても大きな勝利になるのではないでしょうか。この六カ月のあいだに、僕はずいぶん多くの日本の女性と話しましたが、女帝を支持していない女性は一人しかいませんでした。なぜもっと政治家に圧力をかけないのか、わからないですね。日本ではその問題がフェミニストに無視されています。

小林　うん、本当はそれもおかしいんですよ。わしは女性の地位を向上させなきゃいけないと思っています。女性天皇が誕生したら、その点でも世の中は一気に変わっちゃうはずなんですよ。女性天皇どころか、愛子さまが皇太子になった時点ですごいインパクトがあるでしょう。将来、女性天皇が生まれることがそこで決まるんですから。

ルオフ　僕もそう思いますね。そのためには、女性でも男性でもデモのような積極的な行動が必要でしょう。それをしないと、安倍政権は消極的な多数派を無視して、熱心な少数派の言うことを聞きますよ。必ずそうなると思います。

小林　そこはなかなか難しい問題で、頭が痛いです。わしもデモ嫌いだし（笑）。

ルオフ　デモ以外にも、新聞に投書したり論説を書くなど、方法はいろいろあると思いますよ。とにかく意見の強さを政治家に伝えないとダメですね。

小林　そういう運動は必ずイデオロギー絡みになるんですよ。左翼の運動家が始めることになるので。そこが大きな問題。

ルオフ　左翼は天皇制に興味がないですからね。

小林　それもそうだし、仮に興味を持ったとしても、運動家が入り込むとたちまち参加者を左翼運動のために利用するんですね。それをみんな嫌がってしまう。じゃあ女性の保守派がやるかといったら、そっちは男系派支持が多いんですよ。

たいへん危険な考え方

ルオフ　男系を熱心に支持する人々は伝統を尊重しないといけないという立場を取っていますね。でも、これは僕の想像ですけど、たぶん人間は社会をつくったときから、どの伝統を捨てて、どの伝統を続けるかという問題にぶつかったはずです。すべての伝統を続けてきたわけではありません。ですから、伝統だから続けなければならないという考え方は全然わからないし、支持できないですね。歴史を遡れば、人間は嫌な伝統をずいぶん捨ててきました。たとえばアメリカには昔は奴隷制がありましたが、それを否定しましたね。

小林　男系派の連中は、過去のしきたりはすべて残すべき伝統だと思ってるんだけど、たとえば側室制度も本来は皇室の伝統だったわけでね。

ルオフ　そうですね。でも、いまは続いていません。

小林　その側室制度がなくなってしまった段階で、男系だけで続けることが不可能になっちゃったんですよ。だからといって、男系派も「側室制度の復活」とは言わない。つまり、側室は残すべき伝統ではなく、古い因習だったということになる。男系限定だってそれと同じなんですよ。古い因習にすぎない。でも彼らはそれを認めようとしないんですね。

しかし男系のままでは皇統が崩壊してしまうわけで、その危機をどう乗りきるかを考えるバランス感覚こそが本当の伝統なんですよ。時代の変化はコントロールできないので、自分がバランスを変えていかないといけない。それでも残るものが真の伝統なんです。本質的なエートス（魂）の部分さえ残ればいいわけですから。

ルオフ　じつは戦前にも、女帝の話は出ていましたね。昭和天皇の最初の四人の子どもは女の子だったので、危機感が生まれました。そのときは「検討を要する」ぐらいの話で終わりましたけど。

小林　そうそう、なかなか男の子が生まれなかったからね。だからこれはいまに始まった問題ではなく、側室制度をなくしたときからの本質的な問題なんですよ。

ルオフ　昭和天皇は側室をもらうように勧められましたけど、断りましたね。

小林　だから、伝統は時代に適応しながら少しずつ変わっていくものなんです。それでも残るものがあるはずだ、と考えないといけない。

ルオフ　そもそも日本の保守派は、皇室に関する伝統の定義を変えてきました。とくに右派は、かつては「戦後憲法によって天皇の大権が奪われた」と二〇年間ぐらい強調してきましたが、だんだん見方を変えてきたんですね。むしろ明治憲法の規定が伝統的な観点からは異質であって、象徴天皇こそが天皇制本来の性質だったという説を支持するようになりました。

小林　それはルオフさんが本に書いておられるのを読んで、たしかにその論法で話をすり替えていると思いましたよ。時代が変わったら「本来それが伝統だった」と言い始めるんだから、狡いですよね。

ルオフ　僕は歴史家なので未来を予想するのはあまり好きではないですが、もし女帝制度ができたら、たぶん日本の右派は「やっぱり日本の本来の伝統は女帝だ」と言い出すと思います。

小林　だから、それをわしがいま先回りして言ってあげてるんですよ（笑）。それが伝統なんだという理屈を用意してあげてるんだから、早くこっちに来ればいい。

ルオフ　ちょっと個人的な話をすると、僕は結婚したときに「昔から男性は家で仕事をしないのが伝統だから、家事はしない」と妻に言うこともできたかもしれません。でも、それは時代に合わないので言いませんでしたね（笑）。差別的な条件を伝統で正当化するのはとてもイヤなことです。男系を支持する右派は、「天皇家を男系継承するのは男女平等の問題とは関係がない」と主張しますけど、それはフィクションだと感じます。本当は、深く関係している。

小林　そんなのはただの欺瞞《ぎまん》ですよ。そこにあるのは、確実に男尊女卑の考え方です。彼らは、男の血統のほうが尊いと思ってるんですよ。

ルオフ　もし僕が「女性が結婚してからも仕事を続けるのは、男女平等とまったく関係がない」と言ったら、どうですか。バカに見えますね（笑）。

小林　まあ、いまの日本で女性が働くのは経済的な事情も大きいですけどね。高度経済成長の時代は女性が家の中に入っていても、男の収入だけで食べていけたんですよ。

ルオフ　たしかに、当時は美智子さまもその象徴でしたね。彼女と同世代の女性たちは、当時の皇太子妃から理想の専業主婦像を学んでいました。

小林　その時代はそうなんです。だから団地を訪ねて専業主婦の暮らしを見たりしたし、自分も外ではあまり仕事をせずに家事をやっていました。子どもを自分のところで育てたりね。でも、いまの時代は専業主婦なんて貴族みたいなものですよ。ふつうの家庭は、女性も外で働かないと食べていけない。それは政治の都合でどうにでもなるんです。安倍首相は「伝統を守る」とか言いながら、労働者が足りなくなってきたから「専業主婦なんかやめて、女性も外に出て働け」と言い始めただけでね。

ルオフ　「すべての女性が輝く社会づくり」などと言ってますけれども。

小林　そんなの嘘ばっかりですよ。経済の都合で働かされてるだけ。

ルオフ　女性活躍推進法を作っても、女帝は認めませんね。明らかに矛盾です。

小林　女の血は尊くないんですよ、彼らにとっては。わしは、そもそも血の論理が大嫌いです。競走馬じゃないんだから、血統なんてどうでもいい。顕微鏡で見たら、血なんてみんな一緒でしょ。どんな人種だろうと赤い血で、輸血もできるんだから。それなのに血統にこだわって、男の血のほうが優秀だとか純潔だとか言うのは、あまりにも野蛮すぎて信じられない。

ルオフ　たいへん危険な考え方だと思いますね。これまでの歴史を振り返っても、そういう考え方によって多くの被害者が生まれました。

小林　ユダヤ人の血が汚れている、とかね。アメリカのKKKという白人至上主義者たちも、ワンドロップ・ルール。黒人の血が一滴でも入ってたらダメとかいう話ですよ。男系派が「男の血は尊くて女の血は汚れてる」と考えるのは、そういう差別主義者たちと何も変わらない。じつに愚かなことです。わしは血統より育ち方だと思う。天皇家に代々「公の血」が継承されているのではなく、代々「公のDNA」が受け継がれるのでもなく、家柄が天皇の「公心」の強さを育てているのです。家柄が育ち方に影響を与えているのであって、血や血統ではないです。

眞子さまの結婚に反対している人々

ルオフ　眞子さまの結婚に反対している人々の論理を分析すると、そこには皇室批判を通じて戦後民主主義を批判する傾向が見て取れますね。結婚後に家計を維持するために女性が外で働くことは考えられないので、お相手の収入の低さを問題にしているんです。これはある意味で戦後民主主義に反対する立場ですね。逆にいえば、彼女が多くの日本の女性と同じように、家計を維持するために外で働くのは民主主義的でしょう。でも、保守派に人気のある櫻井よしこさんは積極的に外で働いていますけど。

小林　ああ、そうだよ！　櫻井よしこ、どうなってるんだ。保守系の男たちは全員で櫻井よしこを攻撃しないといけないよね、男尊女卑の論理だと、「なんで女のくせに国防にまで口を出してるんだ！　早く結婚でもして家に入れ！」と言わなければいけない。その櫻井よしこ自身も男系主義なんだから意味がまったく理解ができないですね。結局、彼らの頭にあるのは、「種と畑」の理論なんですよ。重要なのは男の種で、女という畑は何でもいい。だから畑である女は皇室に入れてもいいけど、民間から男は入れられないという。

ルオフ　科学的な証拠はまったくないですね。

小林　まったくないですよ（笑）。そうやって女を侮蔑してるんです。

ルオフ　昔は女性も皇族や貴族から入れていましたね。でも美智子さまをお嫁さんとして迎えるにあたって、平民出身でもかまわないという考え方に変わりました。

小林　それ以前は、ほとんど近親婚みたいな状態だったんですよ。近親婚みたいな狭い範囲だけで結婚を繰り返していたら、どうしたって父親をたどると天皇に行き着いちゃう。だから、皇室の血筋とまったく無関係な平民の美智子さまを入れるときには、保守派が強く反発したんですよ。「なんで粉屋の娘が入ってくるか」とかムチャクチャなことを言ってたわけ。でも結局、後になったら認めるわけでしょ。雅子さまのときだって同じですよ。「キャリアウーマンみたいのを入れていいのか」とか反発した奴は大勢いました。それで男の子を産むための道具みたいな扱いを受けて、適応障害になってしまったんです。

ルオフ　まさに子宮扱いですね。

小林　ほんとにそうですよ。結局、男系主義というのは男尊女卑の現れでしかない。

ルオフ　男系を支持している人々が見逃しているのは、そうやって雅子さまが子宮としか見られなかったことを、日本の女性たちがよく覚えているということです。だから、いずれ悠仁さまが結婚相手を見つけようとしたときに、みんな「自分も男の子を産む子宮としてしか見られないのでは」と思って、ためらいを感じてしまうでしょう。

小林　皇室に入りたがる女性はあんまりいないですよね。

ルオフ　ますます男系を維持するのが難しくなります。

小林　それはそうですよ。だから、男系なんて因習であって伝統じゃないというのを常識にしないといけない。そういう時代になったんですよ。歌舞伎だって、時代に合わせていろいろな改革をやってるんですよね。先代市川猿之助のスーパー歌舞伎なんてすごい改革でしたし、最近は漫画の『ワンピース』を歌舞伎に取り入れてます。歌舞伎という伝統芸能を残すためには、昔のしきたりどおりにはやっていられないんですよ。

ルオフ　実際、側室制度がそうだったように、皇室も少しずつ変わっていますからね。それに、「これは伝統だから」という言葉で何かを正当化することに対しては、警戒心を持つべきでしょう。また個人的な話ですが、僕の子どもたちが小さいとき、ある年、学校が終わった日にアイスクリームを食べに行きました。すると子どもたちは、次の年に学校が終わった日にも僕に「今日アイスクリームを食べに行くのは伝統です」と言いましたね（笑）。人はそうやって自分の都合で伝統を利用します。

伝統は変化するもの

小林　伝統というのは不思議なもので、戦後民主主義の中で育ってきた一般人は伝統なんてふだんまったく意識していないわけですよ。そこで急に「皇統は男系で続けるのが伝統だ」と言われると、それまで意識もしてなかったから、「えっ、そうだったのか」と思うんですね。よく知らないけど、それが二六〇〇年も続いてきた伝統だと聞くとビックリしちゃって、「そんなに長い伝統なら続けなきゃいけないよな」と洗脳されちゃうんです。一年前のアイスクリームとは比較になりませんからね（笑）。その奇妙な説得力が問題なんですよ。それがなければ、この男女平等の時代に「男系じゃなければいかん」なんていうのは野蛮な意見にしか聞こえない。それを野蛮に感じさせないための理論武装が「伝統」なんです。

だから、伝統は時代によって変質していくものだということを人々にきちんと理解させなきゃいけない。たとえば老舗の饅頭だって、江戸時代からまったく同じではないじゃないですか。昔はなかった生クリームを入れたりもするわけですよ。江戸時代から何も変えてなかったら、「老舗」と呼ばれるようになる前にとっくに潰れていたでしょう。伝統を少しずつ変化させて生き残ったのが「老舗」なわけで。

ルオフ　僕の大好きなスターバックスの抹茶ティーラテも、日本的なのが半分、西洋的なのが半分の新しい飲み物ですけど、もうちょっと時間が経つと伝統になるはずですね（笑）。

小林　そうそう。スターバックスが生まれたときからの伝統的な飲み物だと勘違いされるようになるかもしれない（笑）。

ルオフ　女帝については、小泉政権のときに皇室典範を改正して認められれば良かったんですよね。なぜかというと、いまの時点でその議論をすると、「女帝は是か非か」という一般論ではなく、「次の天皇は愛子さまか悠仁さまか」という個人の話をしているように見えてしまうおそれがあるからです。これは問題の解決を難しくしてしまいますね。

小林　たしかにそうですね。小泉内閣でそれを議論していたときは、まだ悠仁さまが生まれていなかったから。あのときに決めなかったのは、本当に大失敗ですよ。そもそも天皇家も、愛子さまを皇太子にすることを望んでいますしね。

ルオフ　僕もそんな気がします。

小林　それはもう絶対にそうですよ。平成の時代に、当時の天皇と皇太子と秋篠宮で三者会談をしてたから間違いないんです。秋篠宮は、いまの天皇と年齢が近いから自分が次の天皇として即位するのは無理だと言ってますよね。だいたい自分は子どものころから天皇になるつもりなんかなくて、そのための教育も受けてない。だからけっこう自由に振る舞っていたわけで、悠仁さまに祭祀のことなんかを教育することもできないでしょう。それがわかってるから、秋篠宮も愛子さまを皇太子にすることを望んでるんですよ。

いまの天皇陛下は若いころから「誡太子書《かいたいしのしょ》」を読んでたぐらいですからね。花園天皇が、裕福に育って苦労を知らない皇太子に対して、そのままでは人望を得られないということで授けたのが「誡太子書」です。そういうものを読んで育ったから、天皇になるための心構えが最初から身についている。愛子さまもそういう教育を受けていると思うんですよ。愛子さまが書いた童話なんか、すごい作品ですからね。海で傷ついた魚たちを看護師の自分が手当てするという物語ですよ。子どものときから、弱き者たちを癒やす意識を持っている。やっぱり育てられ方が違うんですよ。

悠仁さまが学習院ではなくお茶の水女子大学附属小学校に行ったのも、将来の天皇として育てるつもりがないからでしょう。学習院だったら警備態勢もしっかりしてるから、教室に侵入して包丁を置いていくような事件はまず起こらないでしょう。だから天皇家の意思としては、女帝ＯＫで次は愛子さまなんですよ。宮内庁もそのつもりだし。

わしのところには、宮中祭祀を担う掌典職の人から「支持してます。頑張ってください」という応援メールが来ましたよ。それによると、祭祀を行うところも女性、女系を認めているそうです。内閣法制局もじつは認めている。竹田恒泰が「本当の敵は内閣法制局だ」と言ってるぐらいだから、男系派もそれはわかってるんです。天皇を支える人たちはみんな女系を認める方向に持っていきたいのに、男系派の言いなりになってる安倍政権が立ちふさがってるんですよね。

男系派の心理

ルオフ　男系派のオピニオンリーダーである八木秀次さん（麗澤大学教授）は、『ＷｉＬＬ』二〇一九年八月号で、僕の本を批判していました。そのおかげで僕の本はアマゾンのランキングがずいぶん上がったので少し感謝していますけど（笑）。彼の批判の根本にあるのは、僕が日本の天皇を相対化していることですね。ほかの国の王室と日本の天皇を比較して研究することがおかしいと考えているのでしょう。天皇は日本独自のものだから、世界の中に比べられるものなどない、と。

小林 日本の皇室は唯一無比の存在だから、グローバルな脈絡で相対化するのは間違ってると言いたいわけでしょ。日本の皇室がいちばんすごいんだ、と。でも、そんなこと言うのは赤ちゃんみたいなものですよ（笑）。それぞれの国にそれぞれの歴史があって、それぞれの王室があるんだから。どんな国にも、独自の歴史と独自の尊厳があるんです。

ここで男系派の心理を説明すると、彼らは日本の保守派は一神教を発見しちゃったんですよ。もともと日本には一神教がないから、常に個が不安定になってしまう。神と自分が一対一の関係を結ぶ一神教のほうが、個は確立しやすいんですね。だから日本人は、どこかで一神教をつくりたいという気持ちがある。実際、明治の近代化では天皇による一神教をつくろうとしたわけですよね。それはものすごく心地よいんですよ。何も迷いがなくなっちゃって、思考停止できるから。オウムの信者だってそうでしょ。自分の財産も何もすべて麻原彰晃に寄付して思考停止してしまえばいいから、楽になれるんですよ。それで、麻原が命じたとおりにサリンを撒きに行く。一神教は、日本ではカルトになってしまうんですよね。歴史が作ったものではなく、人工的なものだから。

男系もそれなんですよ。神武天皇から男系だけでずっと続いてきたというのは、彼らが天皇の原理としてついに発見した一神教なんです。つまり、天皇への敬意みたいなものはないんですね。単に男系であることを生物学的に示すY染色体が大事で、それを崇《あが》める一神教の原理主義ができあがってしまった。

しかし本来、原理主義は一神教の社会にしかできないんですよ。イスラム国もそうでしょ。日本には一神教はないから、原理主義は馴染まない。八百万の神がいる日本は、誰でも彼でも神になってしまえる相対主義の社会。それを天照大神という女性神がゆるやか〜にまとめているのが日本の国柄なんです。

ルオフ　最初から女性ですね（笑）。

小林　そうなんです。女性をいちばん上に置いて、ゆるやか〜にまとめてもらうのが日本はいちばんいいの。邪馬台国もいちばん上は卑弥呼でしょ。その卑弥呼が死んだ後に男性が王になったら、内乱が起きてしまったんですよ。だから次はまた壱与《いよ》という女性を王にしたら、国がまとまった。魏志倭人伝にそういう歴史が書かれています。日本はそういう国だから、一神教をつくっちゃダメ。明治の国家神道も失敗だったし、男系という一神教も日本の国柄には合わないんです。

ルオフ　八木さんが僕を批判した記事には、「ケネス・ルオフの本音はハーフの天皇誕生か」というタイトルがつけられていました。僕にはハーフの天皇の何がいけないのかわかりませんが、彼をはじめとする男系派の人たちは、何かを恐れて男系や人種にこだわっているようにも感じます。

日本人は純血種という幻想

小林　結局、自分たちの社会に原理がないことに対する焦燥感があるんですよ。時代が変わっていくのが怖いから、何か変わらない原理がほしいという潜在意識が日本人にはあるんです。だから「何でもあり」になるとイライラしてしまう。

ルオフ　なるほど、焦燥感ね。その気持ちは理解できます。賛成はしませんが。

小林　だけど、わしはハーフの天皇にまったく反対しませんよ。なにしろハワイの王女との縁談が実現すればよかったと思ってるぐらいですからね（笑）。一般の日本人だって、ハーフに何の抵抗もないでしょう。そのあたりの意識は、本当に変わりましたよね。わしが小学生のときは近所に米軍の板付基地があって、バスに乗ると黒人がいたんです。最初に見たときはビックリしましたよ。あまりにも見慣れない人間だから、正視することもままならなかった。わしの母親なんか、黒人を見たら電柱の後ろに隠れてましたから。

　でもあれから半世紀ぐらい経ったいまとなっては、黒人もハーフもふつうの存在。テレビではハーフのタレントを見慣れているし、スポーツの世界でも、バスケットボールの八村塁とか、陸上の一〇〇メートルで日本記録を出したサニブラウンとか、テニスの大坂なおみとか、みんな日本人として大活躍してるわけでしょ。それを日本の民衆も応援してる。わしも応援してますよ。大坂なおみなんか、試合でミスしたときに「こんなのあり得ない！」とか日本語で言うじゃないですか。日本語はまだあまりうまくないみたいだけど、そういうとき反射的に日本の女子高生みたいな言葉が出るのが面白い。お辞儀の仕方なんかも含めて、やっぱり日本人としての意識が強いんでしょう。

　お笑い芸人でも、見た目は完全に黒人なのに日本語しか喋れないのがいるんですよ。ハンバーガー店とかに行くと英語で話しかけられるそうだけど、本人は日本で育って日本語しか喋れないからまったくわからないんだって。そんな人までいるぐらいだから、時代はおそろしく変わったんです。

ルオフ　そろそろ「ハーフ」という言葉を見直したほうがいいかもしれないですね。みんな同じ日本人なんですから、区別する必要はないような気もします。

小林　たしかに。とくに若い世代は、幼稚園や小学校のときからいろんな国の子がいるから、そんなの何も気にしなくなってますよ。ところが男系派の連中は、ハーフの天皇なんて絶対あり得ないことだと思っている。

ルオフ　古い考え方だと思いますね。

小林　古い考え方にいつまでもしがみついてる、ただの頑固なクソジジイなんですよ。八木も含めて、いまの保守論壇はわしより若い奴もかなりいるんですけどね。でも、年齢と関係なく中身はクソジジイ。わしから見れば、あれは保守じゃなくて、単なる頑迷固陋《ころう》な老人なんですよ。

ルオフ　彼らは結局、日本をどうしたいのでしょうか。

小林　日本人は純血種だと思ってるんでしょう。だから日本の象徴も男系の純血種じゃないといけないという感覚がある。でも純血種なんて言い始めたら、日本は鎌倉時代あたりまで関東から上は「蝦夷《えぞ》」という辺境民だったんですよ。それがとっくに混血しちゃってるわけでしょ。わしの地元の九州だって、熊本・鹿児島のあたりは熊襲《くまそ》がいたし、宮崎・鹿児島のあたりは隼人《はやと》がいたんですから。他にもサンカという民は昭和までいたんですからね。それも混血してるんです。そもそもずっと大昔から日本には朝鮮人がガンガン入ってきてますからね。その朝鮮人に技術もいっぱい与えてもらってるんです。福岡の近くには城山の跡がありますが。あの作り方は朝鮮のやり方なんですよ。そうやって、民族的にも文化的にもいろんなものが混合してるのが日本の社会。だから「純血種としての日本人」なんて単なる思い込みにすぎない。彼らも論理的な説明はできないんです。そもそも混血で成り立ってる国なんだから、ハーフの天皇が登場しても日本は何も問題ありません。男系派は「そんなことになったら日本は崩壊する」とか言うでしょうけど、まったくそんなことはないですよ。

ルオフ　なるほど。やはり小林さんは、右や左などの派閥に分けられない方ですね。この対談をしてみて、それがよくわかりました。たいへん勉強になりました。

小林　こちらこそ、ルオフさんが頭が柔軟なので、勉強になって楽しかったですよ。他国の文化について、これだけいろんな面から論じることができるのはすごい。日本人でも、天皇制や戦後社会について多面的に議論を広げられる人間はあんまりいません。どうもありがとうございました。

●ケネス・ルオフ

民主主義が健全でなくなるのは、人びとが政治や社会、経済の問題で、みずから同じ考えの人としか連携しなくなるときである。たとえば、私の国アメリカは、現在、極端な分極化を経験している。アメリカ人は諸問題で意見を異にする人とじっくり対話するよりも、気の合う人が集まる硬直した「陣営」に加わるのが普通になろうとしているのだ。時に、政治理念のちがう陣営どうしが意見をぶつけ合うこともあるが、言いたい放題で、非難の応酬で終わってしまうことが多い。その結果どうなるかといえば、たがいに憎悪を増幅させるのが関の山である。それが繰り返されれば、さらなる対立と暴力さえ招きかねない。

しかし、実際には、どの個人をとっても、特定のイデオロギー陣営の考え方と何から何まで意見が一致することはまずありえない。人を安直に党派で「色分けする」のが不正確かつ不公正なのはそのためだが、より重要なのは、こうした陣営の枠を超えていくことである。

人が意見を異にする人と率直に話し合い、何よりもその意見に耳を傾けようとすれば、自分たちが共通の土台に立っていることに気づき、意見のちがいはちがいとして、認め合うようになることもある。

われわれはいまグローバル化された世界に住んでいる。そのため、どの国の市民も他国の市民の見解、とりわけ歴史の見方を真剣に受け止めることがだいじである。コロンビア大学の歴史学者で近代日本史を専攻するキャロル・グラックがよくもちだす言い方をすれば、われわれは「一国史の獄舎」に入り込まないようにしなければならない。ここで注意すべきことは、ある国の市民はその国の歴史を客観的な事実であるかのように学びがちだが、別の国の市民も自国の歴史を客観的な事実であるかのように学んでいるということである。

ふたつの国で、双方が経験した同じ歴史的出来事の解釈が食い違うときは、誤解や憤激を呼びさましかねない。したがって、穏やかに敬意を払って話し合えるものなら、国の境界を越えて、歴史解釈をめぐり、たがいに意見を交わすに越したことはない。その目的は相手側を説き伏せるためというより、相手がそうした出来事をなぜちがったふうに理解しているのかを心底から知るためである。

この対談をおこなう数年前、私は小林さんの作品を読み、彼を単純に「保守」や「右翼」と呼ぶのはまちがいだと思うようになっていた。自立した思想家である彼を、特定の陣営に位置づけることはできない。法律を改正して、女性が天皇になるのを認めるべきだと力強く主張する人を、はたして保守ないし右翼と呼ぶことができるだろうか。またネオリベラリズム的な経済政策が、金持ちをさらに富ませる一方で、貧乏人をさらに貧しくし、それによって公益を損なっていると糾弾する人を、はたして体制支持者とみることができるだろうか。

私の考え方はおおむね中道左派だといってもよいが、この立場はおそらく小林さんには当てはまらない。にもかかわらず、女性天皇を支持するという点でも、ネオリベラリズム的な政策を嫌悪しているという点でも、ふたりは共通している（経済的にも社会的、政治的にも災厄をもたらすネオリベラリズム的政策は、社会の上位10パーセントに恩恵を与えても、それ以外の90パーセントは切り捨てており、とても公益に沿っているとは言いがたいのだ）。

さらに言うと、私は小林さんが反米主義者だとも思っていない。彼を反米主義者と決めつけるのは、大きな間違いである。日本はアメリカと真に対等な関係を確立すべきだという小林さんの主張は、現状を批判したものであっても、その提案自体は決して反米的とはいえない。

もちろん、私は小林さんのいくつかの立場には賛成しかねる。はっきり言って、意見がまったく同じなら、まるで面白くもないだろう。小林さんと私は2日間、濃密に向き合い（議論はみっちり2日間おこなわれた）、たがいに称えながら、意見の一致を求めて話し続けた。しかし、幸いにも、対談はそんなふうには進まなかった。私にとって意義深かったのは、小林さんの発言を聞いて、その問題を彼がどのように把握しているかを心底から理解できたことである。

それとともに、私も自身の見解を吟味しなければならなかった。はたして自分の見解は正しいと確信できるか、筋が通っているか。これは定期的にわれわれが自問せねばならない重要な問いであり、異なった見解に直面したさいの貴重な演習でもある。

対談のあと、小林さんの漫画をいくつか読みなおし、新たな問題を考えるようになった。それは、なぜアカデミックな歴史学（大学に基盤を置く歴史学）が危機に陥っているのかということである。アメリカでは歴史学の危機が叫ばれているが、これは日本でも無縁の問題ではないかもしれない。

歴史学者の仕事に興味をもつ人がますます少なくなっているのはどうしてなのか。まったく対照的に、小林さんの作品は多くの人に読まれている。一方、歴史学者（一般的には社会科学者）の書くものはますます避けられるようになっている。なぜ、こうした違いが生じるのだろう。

その作品に人気があるのは、小林さんに特別の才能があるからである。学者にはおよびもつかない、すぐれたユーモアのセンスも、その才能のひとつだろう。ものごとを漫画で自由に表現できるのも、学者には真似のできないことである。さまざまな出来事がまじめに論じられているかと思うと、突然エロチックなセックスシーンがでてくる。これから書かれるアカデミックな歴史に、はたしてワイルドなセックスシーンが登場するかは疑問だが、私も将来、自分の書くもので、こうした新地平を開きたいという誘惑に駆られるほどである。

それはさておき、われわれ歴史学者は、みずから問うてみなくてはならない。われわれはどうすれば、より多くの人びととかかわることができるのだろう。もちろん歴史学者はこれからも、注意深い研究にもとづく奥行きのある歴史書を発表しつづけねばならないが、それがより広く読まれるようにするにはどういう書き方をすればよいのだろう。

ずっと以前から、私は「前衛理論」にもとづくと思われる複雑な専門用語だらけのアカデミックな歴史書を書くことにむなしさを覚えるようになった。専門家以外は、お金をもらってもこうした歴史書を読みたいとはだれも思わないだろう（私自身もお断りしたい）。

私は常に、非専門家にもわかりやすく楽しめる歴史書を書こうと努めてきた。学者は定期的に象牙の塔を離れて、歴史その他の問題について、より幅広い議論に加わり、それをできるだけ多くの人に知ってもらうよう努めるべきだ。この対談をおこなうことで、私はこの確信をさらに強めることができた。

●小林よしのり

民主主義の前提は、議論である。熟議であると言ってもいい。

ところが実際には、議論がまともに成立することなど滅多にない。最近のイギリスのブレグジット問題や、アメリカのトランプ現象などを見ると、どこの国でも民主主義の不完全さを示していて、議論が困難になる時代が顕わになっている。

日本では「激論！」といって「朝まで生テレビ！」が作り上げてしまった負の側面として、議論とは相手の話を一切聞かず、自分の考えを声高に主張しまくって口喧嘩して、どっちがマウントを取るかの勝負をすることだと思っている者が大勢になってしまった。

だからわしは「ゴー宣道場」を主宰して、新たな議論の文化の構築に挑んでいる。勝負を争うのではなく、みんなで公のためになる結論を追求して「公論」を形成することが目的であり、そこでは熟議が求められる。

もうそろそろ議論とはそういう建設的なものであるべきだと、日本人の意識を変えなければいけないとわしは思っている。

日本で議論が成り立ちにくいのは、日本人はかなり権威主義的だからという理由もある。その人が何を言っているかよりも、その人の学歴が高いかとか、大学教授などの肩書きがあるかといったことを先に見て、権威のある人が言うのだから正しいはずだという前提で意見を聞いてしまうのである。

わしなんか肩書きは「漫画家」だけで、たまには「思想家」と思ってくれてる人もいるのだが、名刺の肩書きは「漫画家」しか書かないことにしている。権威主義者は漫画家ごときと話なんかできるかという感覚なので、どこかの雑誌が高名な学者と対談させようとしても、向こうが断わってくる有り様だ。

さらに日本では「世間」が強すぎるという問題がある。日本の言論界は保守とか左翼とかの論壇ごとに村社会的な「世間」を作っていて、ある世間に入ったら、その世間で通用している意見しか言えなくなる。異論は「村八分」である。

かつて全くの左派だったはずの人間が、食い扶持を求めて右派論壇村に入ったら、以前の自分とは180度異なるような右派論壇村に流通する考えを、他の者たちと全く同じ言葉で述べるようになる。そのために、女性であるにもかかわらず「皇統は男性の血で継がれてきたからこそ美しい」などと、男尊女卑の極みのような言葉を平気で口にする者まで出てきてしまっている。

本物のリベラルはしがらみから自由な個人主義者であるはずだが、日本でそういう人は井上達夫氏（東大教授、法哲学者）などごくわずかで、リベラルを自称する者でさえ「個人」が弱く、自分の意見は相手の「権威」や自らの「居場所」が決めるという者ばかりである。

ケネス・ルオフ氏は真のリベラル（ご自身の言では「中道左派」）であり、個人主義者であり、全く権威主義的ではない。だから「漫画家」という肩書きを一切気にせず、小林よしのりが言っていること自体に興味を持ち、対談の申し込みをしてくれた。

さすがアメリカ人は個人主義で、「世間」で生きてはいないのだなと感心したのだが、ルオフ氏によれば、最近ではアメリカでも分断が進み、人がそれぞれ硬直した「陣営」に加わり、異なる陣営とは議論が成り立たなくなっているという。

自分の陣営に都合のいいことだけを言い合っていたのでは、思想は一切深まらない。人間とは、社会とは、国家とは何かといった問題を追究し、ある理解を得て真実に近づきたいと思ったら、個人主義に立ち、陣営に囚われず相手の言うことに耳を傾けなければならない。

たとえ自分とは全く対立するような見解だったとしても、なぜそういう意見になるのかを知るために対話をする。そして、自分の思想をもう一度点検する必要があるかどうかを考えていかなければならない。

そうしたら、自分の思想が変わってくる部分も出てくる。意見を変えたら「ブレた」などと言って非難する者もいるが、自分が変わることを否定したら、成長を拒否することと同じになってしまう。

自分自身の今の思想を相手にぶつけ、相手がどんな思想を持っているのかをよく聞いてみて、自分の思想をより深く、より大きく育てていくという作業が本当の議論というものだろう。

わしは日本の「親米派」の知識人からずっと「反米」というレッテルを貼られてきた。イラク戦争を批判したからである。自主防衛を主張するからである。

彼らの言う「親米」とは実は「従米」「媚米」であり、アメリカが何をやろうが批判することは許されないと思っている。だからわしは批判すべきことを批判しているだけなのに「反米」ということにされてしまうのだ。

ところが、取材に来たジャーナリストなどのアメリカ人と実際に話してみると、日本人よりもずっとしっかり話ができて、お互いに敬意を払えるということが今までにも何度かあった。

ルオフ氏との対話もまさにそのような有意義なものとなった。「親米派」にとっては「日本の自主独立」は一種のタブーであり、それを口にすることが「反米」であるかのような意識がある。ところがルオフ氏との対話の中で、わしが日本は自主独立して、アメリカだけでなく、台湾やインドネシア、オーストラリア、インドなどと連携した安全保障体制を作り直した方がいいのではないかと言うと、ルオフ氏は全く違和感を持たないばかりか、それはアメリカでも認められると思いますよと言った。それでわしは、やっぱり自分は全然反米じゃなかったということをますます実感したのだった。

わしはアメリカ人にも理解できることを言っている。むしろ日本の従米・媚米派や護憲派の言うことの方が、アメリカ人には理解ができない、日本人の間でしか通用しない特殊なものなのだ。


アメリカ人との対話で気を使うのは、宗教観の違いである。根本的に感覚が違うので、説明がものすごく難しい。

今回の対話でも靖国問題について、ルオフ氏は神道だけじゃなく、もっといろんな宗教を包摂した追悼の形式にした方がいいのではないかと言った。

そこでわしは、神道は宗教ではなく、「習俗」だと説明した。「神教」ではなく「神道」であって、教義もないし、布教すらしない。日本人の中の無意識に、いつのまにか沁みついてしまっている習俗が神道なのである。

そもそも、多くの宗教が一神教である以上、それらを含む多くの宗教を包摂した追悼の方法があり得るだろうか。正月の中にクリスマスを混ぜるのはなんだか風情がない。宗教の混淆を無理にやれば、変なカルト宗教が出来上がってしまう。仏教だってこの世は一切「無」という考えだから、本来は追悼の祈りを捧げるというようなものにはならない。

結局のところ、日本人にとっての祭り、祈りの形式は神道以外になく、これが一番素朴に受け入れられるものなのだが、こういうことを説明するのは本当に難しいと思った。

それでも今回言葉を尽くして説明した結果、宗教観の違いまで乗り越えて議論ができる手ごたえをつかむことができた。歴史観の違いについても、徹底的に話して、理解し合おうという努力は精一杯やってみた。

相手の言うことに聞く耳を持ち、学問をしよう、真実に向かって行こうという態度があれば議論はできる。

わしは今となっては、英語が堪能じゃないことが一番悔やまれる。ルオフ氏が日本語を話してくれるからこそ成立した議論である。まさかわしがアメリカ人と議論する日が来ようとは夢にも思わなかった。

ルオフ氏からは大いに学ばせてもらった。日本人と話すより遥かに楽しい議論をして、思考を深めることができた。これでわしはまたバージョンアップできたように思う。

小林よしのり［こばやし・よしのり］

1953年福岡県生まれ。漫画家。『東大一直線』などでギャグ漫画に旋風を巻き起こす。92年スタートの「ゴーマニズム宣言」はまったく新しい社会派漫画、思想漫画として話題になり、『天皇論』（小学館）は25万部突破のベストセラーとなる。近著に頭山満を描いた『大東亜論最終章　朝鮮半島動乱す！』（小学館）がある。

ケネス・ルオフ［Kenneth J. Ruoff］

1966年米国生まれ。ハーバード大学卒。コロンビア大学で博士号取得。米国における近現代天皇制研究の第一人者。現在、米オレゴン州のポートランド州立大学教授、同日本研究センター所長。『国民の天皇』（岩波現代文庫）で大佛次郎論壇賞受賞。近著に、『天皇と日本人』（朝日新書）、『Japan's Imperial House in the Postwar Era, 1945-2019』（ハーバード大学出版局）がある。

構成：岡田仁志
写真：太田真三
本文DTP：ためのり企画

天皇論「日米激突」

二〇一九年一〇月八日　初版第一刷発行

著者　小林よしのり
　　　ケネス・ルオフ

発行人　鈴木崇司
発行所　株式会社小学館
　　　〒一〇一－八〇〇一　東京都千代田区一ツ橋二ノ三ノ一
　　　電話　編集：〇三－三二三〇－五八〇〇
　　　　　　販売：〇三－五二八一－三五五五

印刷・製本　中央精版印刷株式会社

© Kobayashi Yoshinori / Kenneth J. Ruoff 2019
Printed in Japan ISBN978-4-09-825357-9

造本には十分注意しておりますが、印刷、製本など製造上の不備がございましたら「制作局コールセンター」（フリーダイヤル　〇一二〇－三三六－三四〇）にご連絡ください（電話受付は土・日・祝休日を除く九：三〇～一七：三〇）。本書の無断での複写（コピー）、上演、放送等の二次利用、翻案等は、著作権法上の例外を除き禁じられています。本書の電子データ化などの無断複製は著作権法上の例外を除き禁じられています。代行業者等の第三者による本書の電子的複製も認められておりません。

小学館新書
好評既刊ラインナップ

脳が若返る最高の睡眠
寝不足は認知症の最大リスク
加藤俊徳 347

睡眠に難がある日本人は2000万人にも及ぶと言われている。そのままの状態にしていると糖尿病や認知症など数多の病を引き起こすリスクが格段に高まる。脳研究の第一人者が、脳の働きを利用した快眠術を指南する。

もっとさいはての中国
安田峰俊 355

中国本土14億人。世界の華人6000万人。中国人観光客1.5億人。分け入っても分け入っても中国人はそこにいる。では彼らはその地に何をもたらしたか。ケニア、ルワンダ、カナダ。大宅賞作家がもっと分け入る！

教養としてのヤクザ
溝口 敦　鈴木智彦 356

闇営業問題で分かったことは、今の日本人はあまりにも「反社会的勢力」に対する理解が浅いということだ。反社とは何か、暴力団とは何か、ヤクザとは何か――彼らと社会とのさまざまな接点を通じて学んでいく。

天皇論「日米激突」
小林よしのり　ケネス・ルオフ 357

ベストセラー『天皇論』の小林よしのりと『国民の天皇』で大佛次郎論壇賞を受賞した米国の日本研究者ケネス・ルオフが天皇をめぐる問題で大激論！「そもそも神武天皇は実在しない」から「ハーフの天皇」まで衝撃の天皇論。

キレる！
脳科学から見た「メカニズム」「対処法」「活用術」
中野信子 341

最近、あおり運転、児童虐待など、怒りを抑えきれずに社会的な事件につながるケースが頻発。そこで怒りの正体を脳科学的に分析しながら、"キレる人"や"キレる自分"に振り回されずに上手に生きていく方法を探る。

上級国民／下級国民
橘 玲 354

幸福な人生を手に入れられるのは「上級国民」だけだ――。「下級国民」を待ち受けるのは、共同体からも性愛からも排除されるという"残酷な運命"。日本だけでなく世界レベルで急速に進行する分断の正体をあぶりだす。